Pequena Introdução à Filosofia

Livros publicados pela Coleção FGV de Bolso

(01) *A História na América Latina – ensaio de crítica historiográfica* (2009)
de Jurandir Malerba. 146p.
Série 'História'

(02) *Os Brics e a Ordem Global* (2009)
de Andrew Hurrell, Neil MacFarlane, Rosemary Foot e Amrita Narlikar. 168p.
Série 'Entenda o Mundo'

(03) *Brasil-Estados Unidos: desencontros e afinidades* (2009)
de Monica Hirst, com ensaio analítico de Andrew Hurrell. 244p.
Série 'Entenda o Mundo'

(04) *Gringo na laje – Produção, circulação e consumo da favela turística* (2009)
de Bianca Freire-Medeiros 164p.
Série 'Turismo'

(05) *Pensando com a Sociologia* (2009)
de João Marcelo Ehlert Maia e Luiz Fernando Almeida Pereira. 132p.
Série 'Sociedade & Cultura'

(06) *Políticas culturais no Brasil: dos anos 1930 ao século XXI* (2009)
de Lia Calabre. 144 p.
Série 'Sociedade & Cultura'

(07) *Política externa e poder militar no Brasil: universos paralelos* (2009)
de João Paulo Soares Alsina Júnior. 160p.
Série 'Entenda o Mundo'

(08) *A Mundialização* (2009)
de Jean-Pierre Paulet. 164p.
Série 'Sociedade & Economia'

(09) *Geopolítica da África* (2009)
de Philippe Hugon. 172p.
Série 'Entenda o Mundo'

(10) *Pequena Introdução à Filosofia* (2009)
de Françoise Raffin. 208p.
Série 'Filosofia'

(11) *Indústria Cultural – uma introdução* (2010)
de Rodrigo Duarte. 132p.
Série 'Filosofia'

(12) *Antropologia das emoções* (2010)
de Claudia Barcellos Rezende e Maria Claudia Coelho. 136p.
Série 'Sociedade & Cultura'

FGV de Bolso ⑩
Série Filosofia

Pequena Introdução à Filosofia

Françoise Raffin

Tradução de Constância Morel e Ana Flaksman

Copyright © 2009 Armand Colin, Petite introduction à la philosophie

1ª edição — 2009

Impresso no Brasil | Printed in Brazil

Todos os direitos reservados à EDITORA FGV. A reprodução não autorizada desta publicação, no todo ou em parte, constitui violação do copyright (Lei no 9.610/98).

Os conceitos emitidos neste livro são de inteira responsabilidade da autora.

Este livro foi editado segundo as normas do Acordo Ortográfico da Língua Portuguesa, aprovado pelo Decreto Legislativo nº 54, de 18 de abril de 1995, e promulgado pelo Decreto nº 6.583, de 29 de setembro de 2008.

COORDENADORES DA COLEÇÃO: Marieta de Moraes Ferreira e Renato Franco
TRADUÇÃO: Constância Morel e Ana Flaksman
PREPARAÇÃO DE ORIGINAIS E REVISÃO TÉCNICA: Dora Rocha
REVISÃO: Fátima Caroni, Adriana Alves, Aleidis de Beltran
DIAGRAMAÇÃO, PROJETO GRÁFICO E CAPA: dudesign

Cet ouvrage, publié dans le cadre de l´Année de la France au Brésil et du Programme d'Aide à la Publication Carlos Drummond de Andrade, bénéficie du soutien du Ministère français des Affaires Etrangères et Européennes.
« França.Br 2009 » l'Année de la France au Brésil (21 avril – 15 novembre) est organisée:
- en France, par le Commissariat général français, le Ministère des Affaires Etrangères et Européennes, le Ministère de la Culture et de la Communication et Culturesfrance ;
- au Brésil, par le Commissariat général brésilien, le Ministère de la Culture et le Ministère des Relations Extérieures.

Este livro, publicado no âmbito do Ano da França no Brasil e do programa de auxílio à publicação Carlos Drummond de Andrade, contou com o apoio do Ministério francês das Relações Exteriores e Europeias.
« França.Br 2009 » Ano da França no Brasil (21 de abril a 15 de novembro) é organizado:
- na França, pelo Comissariado geral francês, pelo Ministério das Relações Exteriores e Europeias, pelo Ministério da Cultura e da Comunicação e por Culturesfrance;
- no Brasil, pelo Comissariado geral brasileiro, pelo Ministério da Cultura e pelo Ministério das Relações Exteriores.

Ficha catalográfica elaborada
pela Biblioteca Mario Henrique Simonsen/FGV

    Raffin, Françoise
        Pequena introdução à filosofia / Françoise Raffin; tradução de Constância Morel e Ana Flaksman. – Rio de Janeiro : Editora FGV, 2009
        204 p. (Coleção FGV de bolso. Série Filosofia)

        Tradução de: Petite introduction à la philosophie.

        Inclui bibliografia.
        ISBN: 978-85-225-0783-2

    1. Filosofia. I. Fundação Getulio Vargas. II. Título. III. Série.

CDD – 100

Editora FGV
Rua Jornalista Orlando Dantas, 37
22231-010 | Rio de Janeiro, RJ | Brasil
Tels.: 0800-021-7777 | 21-3799-4427
Fax: 21-3799-4430
editora@fgv.br | pedidoseditora@fgv.br
www.fgv.br/editora

Sumário

Introdução — 11
1. A filosofia como experiência — 11
2. A filosofia como método — 13

Primeira parte
Linguagem e experiência — 17

Capítulo 1
A ilusão da imediatidade — 19
1. A consciência ingênua — 19
    Uma confiança espontânea — 19
    Uma desilusão inevitável — 20
2. Decepção e superação — 21
    A negatividade da experiência — 21
    A abertura da experiência — 22

Capítulo 2
A pré-compreensão — 27
1. O preconceito — 27
    A noção de preconceito — 27
    Preconceito e condição humana — 28
    Lutar contra os preconceitos — 29
    Os preconceitos, condições de compreensão — 31

2. A opinião ... 33
   A função prática da opinião ... *33*
   Insuficiência teórica da opinião ... *36*
   A opinião é um intermediário ... *37*

Capítulo 3
Autoridade e tradição ... 41

1. O princípio de autoridade ... *41*
   O dogmatismo das autoridades ... *41*
   A crítica exemplar da ciência moderna: Galileu ... *42*
2. A autoridade da razão ... 44
   A razão contra os "doutos" ... *44*
   Autoridade e liberdade ... *47*

Segunda parte
A ambiguidade da experiência ... 55

Capítulo 4
O impulso da experiência ... 57

1. O espanto ... 57
   O espanto, despertar para a filosofia ... *57*
   O espanto, abertura para o pensamento ... *59*
   O espanto, obstáculo à filosofia ... *60*
   A racionalidade contra o espanto ... *61*
2. A admiração ... 62
   Uma paixão bastante singular ... *62*
   A paixão da razão? ... *63*

Capítulo 5
A experiência da dúvida ... 67

1. A dúvida corriqueira ... 67
2. O uso filosófico da dúvida ... 68
   A aporia* socrática ... *68*
   A dúvida metódica de Descartes ... *69*
   Dúvida metódica e dúvida cética ... *74*

Capítulo 6
O choque da experiência — 79
1. A experiência do escândalo — 79
   - *As ambições frustradas* — *80*
   - *O impulso rompido* — *80*
2. A exigência de racionalidade — 81
   - *A procura da inteligibilidade* — *81*
   - *A Ideia de justiça* — *83*

Terceira parte
A incitação da experiência — 89

Capítulo 7
O que é um diálogo? — 91
1. Conversar — 91
2. A exemplaridade do diálogo platônico — 91
   - *Em busca da definição* — *92*
   - *As regras do diálogo* — *92*
3. Os avatares do diálogo — 94
   - *O diálogo impossível* — *94*
   - *O simulacro de diálogo* — *95*
   - *"A inaptidão para o diálogo"* — *95*
4. O fundamento do diálogo — 96

Capítulo 8
Refutação e polêmica — 103
1. Nem tudo é refutável — 103
   - *Não se refuta o vago* — *104*
   - *Não se refuta uma demonstração* — *104*
   - *Não se refuta uma filosofia* — *104*
2. Refutar não é polemizar — 105
   - *Refutar é raciocinar* — *105*
   - *Polemizar é combater* — *105*
3. Refutação sofística e refutação filosófica — 106
   - *A refutação do sofista* — *106*
   - *A refutação do filósofo* — *108*

Capítulo 9
Figuras do debate — 111
1. A ideia de debate — 111
   A emergência do debate — *111*
   A escolha do debate — *112*
2. As diferentes formas de debate — 114
   O debate científico — *114*
   O debate jurídico — *115*
   O debate filosófico — *117*

Quarta parte
A experiência do pensamento — 123

Capítulo 10
As máximas do senso comum — 125
1. Pensar por si mesmo — 126
2. Pensar colocando-se no lugar do outro — 127
3. Pensar de acordo consigo mesmo — 127

Capítulo 11
Aprender a pensar — 133
1. Aprender filosofia? — 133
   O que é um filósofo? — *133*
   Conhecimento histórico e conhecimento racional — *134*
2. Ler os filósofos? — 136
   Ler os filósofos? — *136*
   Os impasses da leitura — *136*
   História e ciência — *138*
   Devemos então deixar de lado os autores? — *138*
3. Tradição e liberdade — 139
   Como então aprender a pensar? — *139*
   Pensando os grandes pensamentos — *140*

Capítulo 12
O sentido do problema — 145
1. A abordagem problemática na filosofia — 145
   A abordagem problemática — 145
   A leitura problematizante — 145
   A obra, figura da problematização — 147
2. Problematização, problema, problemática — 148
   A problematização — 148
   O problema — 149
   A problemática — 151
3. Procedimentos exemplares — 152
   A procura e o exame dos pressupostos: Platão — 152
   A construção do problema: Rousseau — 153

Quinta parte
A experiência da verdade — 157

Capítulo 13
A mediação simbólica — 159
1. Não podemos ver sem interpretar — 159
2. A noção de símbolo — 161

Capítulo 14
O poder das imagens — 169
1. Língua de palavras e língua de termos — 169
2. A figura geométrica — 170
   A geometria como propedêutica — 170
   A figura geométrica — 171
   A necessária superação da geometria — 172
3. O mito — 173
   A narrativa mítica — 173
   Mito e logos — 174
   Mito e diálogo — 175

Capítulo 15
Rigor e ambiguidade — **181**

1. A palavra e o conceito — 181
   Da palavra ao conceito — *181*
   A palavra contra o conceito — *183*
   Conceito científico e conceito filosófico — *185*
2. Poesia, ciência e filosofia — 186
   O triunfo da ambiguidade — *186*
   O rigor contra a ambiguidade — *187*
   O rigor e a ambiguidade — *191*

Glossário — **195**

Bibliografia sugerida — **199**

Índice — **201**

Introdução

1. A filosofia como experiência

A filosofia, antes de ser um conhecimento ou um saber, pertence à ordem da experiência. É um empreendimento racional, sem dúvida, mas que, diferentemente da racionalidade científica, jamais rompe com o vivido. A filosofia se origina na experiência de vida e procura pensar sobre ela. A consciência, de início entrelaçada com o mundo, vive na ilusão da imediatidade (capítulo 1). Essa ilusão está fadada a extinguir-se, pois o imediato não existe para nós. Não existe, primeiro, uma experiência pura, que em seguida buscamos compreender, aplicando-lhe esquemas linguísticos e categorias de pensamento (capítulos 2 e 3). A experiência já é sempre dada em uma linguagem. Nosso mundo e nossa linguagem existem um em função do outro.

Não somente o mundo só é mundo na medida em que ele se exprime em uma língua, como a própria língua só tem sua verdadeira existência no fato de que o mundo tem origem nela (Gadamer, *Verdade e método*).[1]

Assim como a linguagem, a experiência é ambígua. Ao mesmo tempo rica e pobre, ela abre para o pensamento. O espanto e a admiração, a beleza e o amor são estimulantes poderosos, que ajudam a sair de si, a existir (do latim *exsistere*, sair de si) (capítulo 4). Mas a experiência é também a dúvida (capítulo 5), a decepção, o choque de contradições e o escândalo da injustiça (capítulo 6). Pela experiência, aprendemos que a existência não corresponde às exigências, e a insatisfação daí originada é fecunda. Ela leva a novas experiências e dá um futuro ao pensamento.

Mas, o que seria esse pensamento sem os outros? Graças ao diálogo (capítulo 7), o pensamento é posto à prova e se enriquece. Graças à refutação, ele se purifica, se libera dos falsos saberes petrificados e, dinamizado, pode se lançar em direção a um novo horizonte (capítulo 8). Ao se confrontar com outros em um debate, ele se constrói e mede suas próprias forças (capítulo 9).

Pensamento da experiência, a filosofia só pode sê-lo sendo experiência do pensamento. Mas como pensar? (capítulo 10) Podemos aprender a pensar? Podemos aprender filosofia? (capítulo 11). Mas só existem filosofias, no plural. Ler os filósofos? Mas com isso nos tornamos discípulos, correndo o risco de nunca irmos mais longe? Se a filosofia se nutre de sua tradição, esta pode ser também a causa de sua morte, pois entre tradição e tradicionalismo a distância é mínima (capítulo 12). Retomar uma tradição é ao mesmo tempo reconhecê-la e não

---

[1] Extraído de H. G. Gadamer, *Vérité et méthode* (Paris, Seuil, 1996), p. 467.

renunciar a pensar. Não escolher entre tradição e liberdade: a tradição sem liberdade é o dogmatismo que fixa o pensamento em certezas mortas; a liberdade sem tradição é uma forma vazia, sem passado e sem futuro, embriagada de si mesma e sem poder sobre o real.

Preocupada com a verdade, a filosofia interroga o mundo e as palavras (capítulo 13). Ela inventa conceitos para pensar todo o campo da experiência humana, para pensar a vida, e pensar a vida segundo a verdade. Essa verdade não é a exatidão do estudioso que transforma as palavras em conceitos, mas esvazia toda a plenitude do real (capítulo 14). Ela tampouco é a verdade poética, que se busca nas palavras ignorando o conceito. Para a filosofia, compreender a ambiguidade da experiência e trabalhar a ambiguidade das palavras é uma coisa só. Levar em conta e assumir a responsabilidade da ambiguidade é a própria condição do rigor na filosofia (capítulo 15).

Situar a filosofia como experiência, e não como conhecimento ou saber – o que ela também é – é insistir sobre a impossibilidade do domínio total. Uma experiência sempre chama outra. Ela abre possibilidades que ninguém domina e engaja o pensamento em uma tarefa infinita.

É porque "a inquietude é a vida do espírito" que toda tentativa de domínio está sempre fadada ao fracasso. A filosofia tem, por conseguinte, um frescor e um poder estimulantes. Ela ajuda a preservar o pensamento da fixação dogmática e preserva suas possibilidades futuras.

2. A filosofia como método

A organização desta obra procede de sua finalidade reguladora. Se a filosofia é experiência, é o deslanchar da atividade de pensamento, não podemos na verdade separar método e conteúdo. Cada tentativa é sempre singular e não ganha nada em ser descrita: ela deve ser efetuada. O juízo é um ato sintético que procedimentos formais externos não poderiam produzir; é preciso praticá-lo. A vocação de uma obra de introdução à filosofia não poderia, assim, consistir numa introdução que fosse uma espécie de vestíbulo.

Este livro não pretende, portanto, oferecer uma "caixa de ferramentas" para os estudantes de filosofia. Pois, sem a capacidade de utilizá-la, uma ferramenta não passa de um objeto inerte. Como observa A. Leroi-Gourhan, a respeito das ferramentas do trabalho humano, "uma ferramenta só é ferramenta pelo gesto que a torna eficaz". Todavia, há instrumentos de trabalho na filosofia. E, entre esses instrumentos de trabalho, as obras filosóficas têm um grande poder formador. É por isso que se encontrará aqui uma reflexão em ligação direta com os textos. A maioria deles são textos fundamentais da tradição e da modernidade filosóficas; outros, menos conhecidos e às vezes não filosóficos, foram selecionados por seu poder de esclarecer nosso propósito. O recurso aos textos é comandado pela abordagem adotada. Evitamos deliberadamente os resumos de doutrinas e os dados factuais da história das ideias. O que esperamos então do estudo direto, aqui, de textos necessariamente curtos? Ao menos três coisas: a interrogação, a crítica e o conhecimento. Um texto filosófico é antes de tudo aquele que tem o poder de interrogar. Ele põe em questão o que acreditávamos saber, faz nascer o espanto diante daquilo que parece óbvio ou estilhaça as falsas evidências. Ele incita a triar, a discernir, ou seja, a criticar. E, além de seu poder crítico, o texto tem uma força de conhecimento que ultrapassa as condições históricas em que foi escrito. Por isso ele pode nos ajudar a pensar no presente.

Os textos filosóficos são textos portadores: eles dinamizam a reflexão. São também textos formadores: exemplares da exigência de verdade, modelos de argumentação e de rigor, fontes de exemplos, aguçando o julgamento. É pensando sobre os grandes pensamentos que se aprende a pensar, como afirma Hegel (capítulo 11).

A maioria dos capítulos é seguida de duas rubricas:

- A primeira retoma e precisa uma distinção conceitual que foi explicitada no capítulo.
- A segunda propõe temas de dissertação e de reflexão que têm relação com o capítulo.

Somente o exercício que põe em prática as distinções conceituais permite assimilá-las.

**Primeira parte
Linguagem e experiência**

Capítulo 1

A ilusão da imediatidade

1. A consciência ingênua

Uma confiança espontânea

A consciência ingênua confia espontaneamente nos dados sensíveis. Acredita captar o mundo que se apresenta a ela pela percepção em toda a sua riqueza e verdade. Devota ao mundo o que Merleau-Ponty chama de "fé perceptiva" primordial. Sua relação com o mundo é inicialmente uma relação de pertencimento, e ela crê que as coisas são tais como ela as vê. Essa puerilidade adquire, pelo hábito, a força da evidência e leva naturalmente a juízos errôneos. O estado de infância, fonte de preconceitos e de erros, é denunciado por Descartes como um obstáculo a ser ultrapassado (cf. capítulo 2). A criança é governada por um sensualismo que a leva a imaginar espontaneamente que ver é saber e que a certeza imediata é o signo da verdade. Descartes ilustra assim a credulidade da alma infantil:

E porque as estrelas não lhe transmitiam mais luz que as velas acesas, ela não imaginava que cada estrela fosse maior do que a chama que aparece na ponta de uma vela que queima. E porque ela ainda não considerava que a terra pudesse girar sobre seu eixo, e que sua superfície fosse curva como a de uma bola, ela de início julgou que a terra fosse imóvel, e que sua superfície fosse plana (Descartes, *Princípios da filosofia*, I, art. 71).

Uma desilusão inevitável

A consciência sensível é o mais baixo grau da consciência, e é chamada a se elevar à consciência de si e à razão pela experiência da decepção, pela qual ela não pode deixar de passar. É o que explica Hegel no capítulo sobre "A certeza sensível", etapa que inaugura o itinerário da consciência na *Fenomenologia do espírito*. A consciência acolhe os dados sensíveis tais como eles se oferecem a ela, sem nada excluir, "em uma apreensão independente de qualquer concepção". Ela crê apreender o objeto "em toda a sua plenitude" e assim obter seu conhecimento mais rico, e também mais verdadeiro. Mas esse "saber imediato", que é também "saber do imediato", rapidamente se revela o contrário daquilo que ele pretendia ser, e a consciência passa pela experiência da desilusão. Pois "a certeza se revela expressamente como a mais pobre verdade. Do que ela sabe, ela só exprime isto: ele é; e sua verdade contém apenas o ser da coisa". A consciência experimenta nela o próprio ser da coisa de maneira imediata, mas ela não pode dizer nada a respeito, pois a linguagem é mediação. Falar de um ser não é oferecê-lo em sua singularidade. Experimentar sem nada poder afirmar é estar trancado no inefável, e essa imediatidade da relação que acreditávamos ser a mais rica se revela a mais pobre. A linguagem dissipa a ilusão da imediatidade. Falar é mediatizar o real: é fazer aquilo de que falamos passar do universo sensível e mudo das coisas para o mundo humano do sentido. Mas, ao fazer isso, perdemos o ser sensível que visávamos. Contra aqueles que acreditam que é possível dizer o sensível como tal, Hegel afirma que "o que eles visam, eles não dizem".

> Se, de um modo efetivamente real, eles quisessem dizer este pedaço de papel, que eles visam, e se eles quisessem dizê-lo propriamente, seria impossível, porque o isto sensível que é visado é inacessível à linguagem, que pertence à consciência, ao universal em si. Durante a tentativa efetivamente real de dizê-lo, ele se decomporia (Hegel, *Fenomenologia do espírito*, parte I, A certeza sensível).

2. Decepção e superação

A negatividade da experiência

A experiência pela qual a consciência passa é portanto a da decepção. O imediato não existe. A dúvida e o desespero se apoderam da consciência: a coisa sensível foge e desaparece quando pensávamos tê-la apreendido. Os próprios animais sabem disso,

> pois eles não ficam diante das coisas sensíveis como se elas fossem em si, mas se desesperam dessa realidade e, na absoluta certeza de seu nada, simplesmente as apreendem e as consomem (Hegel, op. cit.).

Existe, portanto, uma negatividade da experiência: a coisa não é tal como a pensávamos. A experiência muda nossa visão primordial e nos obriga a retificá-la ou a abandoná-la.

A abertura da experiência

Mas nisso essa negatividade é positiva, pois ela nos impulsiona a ir mais longe. A consciência não pode ignorar a passagem pela ilusão da imediatidade e pela experiência da decepção. Pois, se a experiência é decepção, ela é por isso mesmo superação do que pensávamos estar dado e abertura para a busca. Este é o elo profundo entre a filosofia e a experiência. A filosofia, ao se definir como amor à sabedoria, confessa sua miséria, mas também revela a tensão que a anima. Ela se enraíza na experiência, e a experiência é ambígua: decepção, dúvida, choque, escândalo, mas também espanto, busca, impulso, superação (cf. capítulos 4, 5, 6). A filosofia libera do dogmatismo da consciência ingênua, que acredita que basta ver o mundo para conhecê-lo e que não se interroga sobre ela mesma. E ela não pode se esgotar em uma doutrina que marcaria o seu próprio fim (cf. capítulo 11). Assim como a filosofia, a experiência é superação e abertura. Observando que "a experiência permanece fundamentalmente aberta para uma experiência nova", Gadamer analisa a ambiguidade do que chamamos um homem de experiência:

> [Ele] não é aquele que se tornou [um homem de experiência] *graças a* experiências, mas aquele que é aberto a experiências. (...) Tendo tido muitas experiências, com as quais aprendeu muito, ele está particularmente apto a ter novas experiências e delas tirar novas lições. A dialética da experiência encontra

sua realização própria, não no fechamento de um saber, mas na abertura à experiência que libera a própria experiência (Gadamer, *Verdade e método*, segunda parte, II, 3, b).

A imediatidade de nossa relação com o mundo é uma ilusão da qual estamos destinados a nos desprender através da experiência. Nossa relação com o mundo já é sempre mediatizada, pois ela passa pela linguagem. Não podemos ver as coisas tais como elas são porque toda a nossa apreensão do mundo é estruturada pela linguagem, enriquecida e retificada pela experiência. Não podemos ver sem interpretar, e a interpretação é infinita (cf. capítulo 14).

Distinções conceituais

Experiência e experimentação

A noção de experiência é, como toda noção geral, rica e complexa. É o que mostra a língua comum, e essa riqueza exige um trabalho de análise para evitar confusões e tornar claro o pensamento.

A língua comum é rica de sentidos

- **a experiência da vida**
  Um homem de experiência, ter experiências, tirar proveito da experiência.
  Falta de experiência, tentar uma experiência.
  Uma experiência de vida comum, a experiência do mundo.

- **a experiência instruída**
  As lições da experiência, os dados da experiência.
  A experiência de uma profissão, dos negócios.
  Os conselhos de um especialista.
- **a experiência construída**
  Uma experiência científica, um laboratório de experiências, um objeto de experiência.
  As experiências nucleares, uma experiência crucial, uma experiência conclusiva.

Algumas distinções

- **a experiência da vida** é aquela que se adquire ao longo do tempo, experiência disto ou daquilo, relativa às circunstâncias e ao sujeito da experiência. Ela pode ser confirmada ou contrariada por uma nova experiência. O conhecimento que se extrai dela não é nem universal, nem necessário, nem definitivo. Se ela é, como afirma Aristóteles, o privilégio dos anciãos "que muito viram", ela também pode constituir um conjunto de hábitos intelectuais prejudiciais à reflexão crítica.
- **a experiência sensível** é, segundo os filósofos empiristas, a origem direta ou indireta de todo conhecimento humano. Os cinco sentidos nos abrem para o mundo, e nosso conhecimento sempre é derivado desses dados primordiais. O conhecimento é, portanto, colocado pelo empirismo como inteiramente *a posteriori*, isto é, tirado da experiência, por oposição ao racionalismo, que afirma que existem ideias inatas (a ideia de Deus em Descartes) ou que existem categorias *a priori*, isto é, independentes da experiência (a categoria da causalidade em Kant).

- **a experiência científica** é um dispositivo construído de maneira rigorosa a fim de testar a validade de uma hipótese ou verificar uma teoria.

A experiência científica é **experimentação**. Longe de ser passiva e circunstancial, ela é instruída e construída. São chamadas de experimentais as ciências nas quais a experiência é constitutiva.

Diferentemente das ciências formais (lógica e matemática), que nada extraem da experiência para avançar, as ciências experimentais se desenvolvem pelo diálogo entre a razão e a experiência. A razão constrói dispositivos por meio dos quais ela força "a natureza a responder às suas questões, em vez de se deixar conduzir por ela como se estivesse sob seu jugo", isto é, como uma criança presa a uma coleira (Kant, *Crítica da razão pura*).[2]

Método experimental ou prática experimental?

Muitas vezes, por comodidade, codificamos o "método experimental" aplicado nessas ciências distinguindo sucessivamente a etapa da observação, a etapa da hipótese e a etapa da verificação. Esta apresentação é clássica desde sua exposição por Claude Bernard, ilustre médico do século XIX, em sua obra *Introdução à medicina experimental*.

Esse esquema é cômodo, mas o próprio Claude Bernard sublinha que, no trabalho científico real, as coisas são mais complexas.

---

[2] Exraído de I. Kant, *Critique de la raison pure*, trad. Jules Barni (Paris, Flamarion,1987), p. 40.

Para ser mais claro, esforcei-me em separar as diversas operações do raciocínio experimental. Mas, quando tudo isso se passa ao mesmo tempo na cabeça de um cientista (...), há um tal emaranhamento entre o que resulta da observação e o que pertence à experiência, que seria impossível e, aliás, inútil querer analisar nessa mistura inextricável cada um desses termos.

Muitas vezes, observamos apenas o que procuramos, e uma hipótese fecunda pode não ser verificada durante décadas. É mais rigoroso falar em **prática experimental** do que em **método experimental**. Na realidade, um método é um conjunto de regras gerais, cuja aplicação estrita conduz ao sucesso: método de piano, método de estenografia. Ora, a experimentação representa sempre um risco e não é completamente garantida com antecedência. Assim, falar de "método experimental" apresenta um paradoxo e cria um problema. O problema é particularmente grave na biologia e na medicina.

Temas

- Basta ver para saber?
- Existe uma verdade das aparências?
- A experiência instrui?
- O que é ter uma experiência?
- Que lições podemos tirar de nossas experiências?
- É possível comunicar uma experiência?
- A experiência é a única fonte do saber?
- É possível contradizer a experiência?
- Um conhecimento pode prescindir da experiência sensível?

Capítulo 2

A pré-compreensão

1. O preconceito

A luta contra os preconceitos caracteriza a ação da razão que procura se emancipar de uma situação inicial de dependência para alcançar a autonomia de um pensamento que se afirma por suas próprias forças. "*Sapere aude*", ousa usar teu próprio entendimento, esta é, segundo Kant, a palavra de ordem do Iluminismo, movimento que incita cada um a se liberar dos tutores, da autoridade da tradição, para pensar por si mesmo.

A noção de preconceito

O preconceito é uma ideia recebida sem crítica, uma opinião aceita sem elaboração pessoal. Por isso ele é tido habitualmente como uma presunção de saber e como tal é geralmente desacreditado. Sua etimologia latina *praejudicium*, comum a preconceito e a prejuízo, nos demonstra isso: de fato, vemos no

preconceito não somente uma afirmação desprovida de justificativa racional, mas também a fonte de controvérsias, de conflitos e mesmo de violências que dividem e opõem os homens.
Kant define o preconceito como

> a tendência à passividade e, consequentemente, à heteronomia* da razão (Kant, *Crítica da faculdade do juízo*, § 40).

Assim, ele não apenas marca a natureza dos preconceitos, mas também ressalta as duas maiores questões em nome das quais se trava a luta contra eles:

- Em primeiro lugar, se a razão é passiva, ela pode ser ofuscada pelo erro e a ilusão; o preconceito deve ser combatido em nome da verdade.
- Em segundo lugar, se a razão é passiva, o sujeito não pensa por si mesmo e recebe sua lei do exterior; o preconceito deve ser então combatido em nome da liberdade. Pensar livremente, ser autônomo*, é ser o agente de seu próprio pensamento.

Preconceito e condição humana

Os preconceitos constituem aquilo que Descartes chama de "prevenção", cuja presença é a prova da sobrevivência da criança no adulto. A idade da razão chega quando maus hábitos intelectuais já estão fortemente enraizados:

> Eu pensava que, por termos sido crianças antes de sermos homens e por durante muito tempo ter-nos sido necessário ser governados por nossos apetites e nossos preceptores, que muitas

vezes eram contrários uns aos outros, e que, tanto uns como outros, nem sempre nos aconselhavam o melhor, era quase impossível que nossos juízos fossem tão puros e tão sólidos como teriam sido se tivéssemos feito inteiro uso de nossa razão desde o nosso nascimento e se tivéssemos sido guiados somente por ela (Descartes, *Discurso do método*, segunda parte).

O mal, para a razão, é a irracionalidade do estado de infância. Os preconceitos são falsas evidências que se originam da nossa experiência de vida. O estado de infância (*infans*: que não fala) é um estado inicial de dependência biológica, afetiva e também intelectual. Ele nos obriga a aceitar, sem analisar, uma série de representações, de opiniões veiculadas na e pela linguagem.

O estado de preconceito é, deste modo, inerente à condição humana. O homem, por sua situação no mundo, não pode não ter preconceitos. Convém partirmos desta constatação se quisermos compreender por que e como lutar contra eles.

Lutar contra os preconceitos

A luta contra os preconceitos, tantas vezes invocada, parece um imperativo, um dever para quem almeja o conhecimento verdadeiro e o acordo entre os espíritos. Na realidade, os preconceitos podem aparecer, de acordo com o que acabamos de estabelecer, como algo que é preciso eliminar. E isto por duas razões:

- Do ponto de vista ético, o preconceito exclui; ele particulariza. Sem dúvida ele permite unir uma comunidade através de uma espécie de bom-senso comum*. Mas este senso comum não seria apenas, como observa Hegel, "a maneira particular de ser limitada de uma nação em um tempo e um lugar determinados"? Além disso, o bom-senso é "muitas vezes pouco sadio" e pode ser definido como

o modo de pensar de uma época no qual estão contidos todos os preconceitos dessa época (Hegel, *Lições sobre a história da filosofia*, tomo 1).

- Do ponto de vista teórico, o preconceito aparece como um obstáculo ao conhecimento. Pior do que a ignorância, que é apenas uma falta de conhecimento, ele se apresenta como um juízo do qual expõe a forma exterior. Muitas vezes ele se apresenta como uma explicação de como as coisas são, mas, como ele não se apoia em nenhuma base racional, deve-se suspeitar de sua verdade. Muitas vezes, ele não passa de uma racionalização secundária de situações vividas, que ele pretende essencialmente justificar e, portanto, manter. Aparentemente explicativo, na verdade ele tem uma função prática e até mesmo política.

Podemos aproximar os preconceitos da ideologia*, sistema de representações e de valores próprio de uma determinada sociedade ou grupo. A ideologia desempenha um poderoso papel de integração social e de legitimação daquilo que é.

Portanto, o preconceito é mais do que uma ignorância e menos que um juízo. Se é possível haver bons preconceitos, eles são, como diz Voltaire,

aqueles que o julgamento ratifica quando se raciocina (Voltaire, *Dicionário filosófico*, verbete Preconceitos).

O preconceito constitui, portanto, um obstáculo a um pensamento que assume a si próprio e que, deste modo, se libera. Em vista disso, seria desejável evitar os preconceitos? E isto é possível?

Os preconceitos, condições de compreensão

Precisamos nos desfazer da ilusão de uma relação imediata com o mundo (cf. capítulo 1). Só alcançamos uma identidade através dos laços criados por nossos vínculos familiares, sociais, culturais. Nascemos em um mundo que nos institui como seres humanos através da educação, e de início somos moldados e integrados em uma comunidade particular, definida por costumes e usos próprios. Os preconceitos podem, assim, ser valorizados como a terra natal de todo pensamento. Os adversários do racionalismo do Iluminismo, como o filósofo Herder, o afirmam:

> Não há, em cada vida humana, uma idade em que não aprendemos nada por meio da seca e fria razão, e em que aprendemos tudo por inclinação, formação, via a autoridade? (Herder, *Também uma filosofia da história para a formação da humanidade*, I).

Ele não hesita em escrever que os preconceitos "são fortes, profundos, úteis e eternos". Atualmente, encontramos um eco desta posição nos pensadores chamados de comunitaristas: a promoção do preconceito está ligada à valorização das diferenças culturais e das reivindicações identitárias contemporâneas. A principal obra do filósofo canadense Charles Taylor, *A política de reconhecimento*, ilustra perfeitamente este ponto de vista.

Mais precisamente, a positividade dos preconceitos está ligada ao aprendizado da linguagem, que condiciona todos os outros aprendizados. Ora, não aprendemos "a linguagem", e sim uma língua, produto social e histórico que nos inscreve em uma visão particular do mundo. "Ser criança antes de ser homem", como escreve Descartes, não é apenas um obstáculo à razão. É, antes de tudo, a condição da humanização de cada um.

Falar é manifestar nosso pertencimento ao mundo. Nossa relação com o mundo já é sempre mediada por nossa linguagem. A linguagem veicula necessariamente prenoções e impõe uma certa decupagem, uma certa categorização do real, e isso implica toda uma pré-compreensão do mundo. O filósofo H. G. Gadamer insistiu muito, no seu livro *Verdade e método*, no fato de que o preconceito não tem somente o sentido negativo de "juízo infundado", mas pode também ser suscetível de uma apreciação positiva, na medida em que toda compreensão supõe uma pré-compreensão inicial e jamais parte do nada. Se alguns preconceitos constituem obstáculos à compreensão e levam a contrassensos, outros são fecundos e condicionam toda compreensão que eles antecipam. Eles próprios são submetidos à prova pela compreensão, que permite aprimorá-los ou retificá-los. Mas, pensar que alguém poderia viver completamente sem eles é pensar, segundo o modelo da ciência, que é possível fazer abstração de si mesmo e de sua situação.

Ora, adquirir a consciência de uma situação é, em todos os casos, uma tarefa que apresenta uma dificuldade própria. Com efeito, o conceito de situação exige que não nos encontremos diante dela, que não possamos, portanto, ter dela um conhecimento objetivo. Estamos dentro de uma situação, nos encontramos sempre implicados em uma situação que nunca poderemos elucidar completamente (Gadamer, *Verdade e método*).

2. A opinião

O domínio da opinião é o da pluralidade e da diversidade. Enraizada na experiência individual ou social, a opinião é um parecer que traduz um ponto de vista sobre o mundo. Daí o ditado "cada cabeça, uma sentença", retomado por Spinoza para mostrar que uma tal constatação pode levar ao ceticismo*. A opinião é o fruto de uma certa elaboração pessoal ou é recebida de uma tradição reconhecida e aceita. Ela constitui, portanto, uma apreensão empírica do mundo que nos cerca. Nesse sentido, ela pode ser reivindicada: "Esta é a minha opinião". Ela remete à experiência e à reflexão daquele que a forma e que ela compromete. Ela é objeto de respeito na medida em que se reconhece em cada indivíduo o direito à liberdade de pensamento e de expressão. Por outro lado, ninguém proclama "este é meu preconceito"...

A função prática da opinião

Ligadas a uma posição pessoal ou coletiva sobre aquilo que vivemos, as opiniões representam uma forma de conhecimento empírico. Elas têm, por isso, uma função prática indubitável; muitos conhecimentos técnicos, por exemplo, são obtidos por ensaios e aproximações, por tentativas e erros, e nem por isso são menos eficazes e úteis.

Esse é o caso das fórmulas geométricas, com cuja ajuda os egípcios recalculavam a superfície dos campos após cada inundação do Nilo. Obtidas por intuição e legitimadas *a pos-*

teriori* por sua utilização, essas fórmulas não se fundam, contudo, em uma demonstração* racional *a priori**, como a que seria inventada pelos gregos. As técnicas humanas, antes do nascimento das ciências suscetíveis de serem aplicadas*, representam um tesouro de conhecimentos empíricos indispensáveis à vida e à sobrevivência das sociedades humanas. Se há sociedades sem ciências, não há sociedades sem técnicas. O pré-historiador André Leroi-Gourban mostrou, em seus trabalhos, que a produção de um biface em sílex exigia uma consciência técnica já muito desenvolvida e um conhecimento operacional complexo. Todas as técnicas pré-científicas, frutos da experiência e da reflexão, só são legitimadas *a posteriori** por sua utilidade e eficácia. Na tentativa de explicar as leis de refração de um raio de luz através de uma lente, na *Dióptrica*, Descartes observa que as lunetas inventadas na Idade Média são obra de técnicos e,

> para a vergonha de nossas ciências, esta invenção, tão útil e tão admirável, só foi descoberta graças à experiência e ao acaso (Descartes, *Dióptrica*, Discurso primeiro).

Da mesma forma, as opiniões políticas ou morais desempenham um papel tanto na vida privada quanto na vida pública. Na democracia ateniense, os cidadãos contribuíam diretamente na elaboração das leis através da participação nas deliberações e decisões da assembleia do povo. Atualmente, a democracia é o regime político em que a opinião é levada em conta por múltiplas vias indiretas, como as eleições, as petições, as manifestações e as pesquisas. Os cidadãos orientam, de acordo com as suas opiniões livres, não somente suas ações privadas, mas também a ação pública.

Se a opinião tem assim um papel e uma positividade, é porque, como explica Aristóteles, não se pode exigir em tudo o rigor matemático. Para o que é somente provável, para o que depende do contingente*, a opinião é indispensável:

> A opinião se refere a algo que, sendo verdadeiro ou falso, pode ser diferente do que é (...). A opinião é instável, e esta é também a natureza que reconhecemos em seus objetos (Aristóteles, *Segundos analíticos*, I, 33).

Se o mundo fosse completamente transparente à ciência, não haveria lugar para a opinião. Mas, neste mundo onde a contingência* existe, onde as coisas podem ser ou não ser,

> das coisas perecíveis, não há portanto nem demonstração, nem ciência no sentido pleno. (Aristóteles, *Metafísica*, livro Δ)

Se o mundo é objetivamente incerto, o conhecimento que se pode ter dele só pode redobrar sua incerteza, e essa é a natureza da opinião.

Conhecimento do provável, a opinião é ela própria afetada por um índice de probabilidade. Essa insuficiência objetiva deve ser acompanhada por uma consciência subjetiva da insuficiência. Senão, correríamos o risco de considerar como um saber verdadeiro, ou seja, baseado na razão, o que é apenas um esboço ou uma aproximação.

A opinião ocupa, portanto, um lugar decisivo nos domínios em que é impossível julgar com exatidão através de uma proposição universal e necessária. A opinião é plural e provoca o debate e a discussão. A democracia é o tipo de regime no qual as decisões são objeto de deliberações públicas, em que se confrontam pontos de vista e em que se trata em conjunto da coisa comum.

Insuficiência teórica da opinião

Apesar de sua inegável utilidade, a opinião sofre de uma falta de fundamento racional e não pode ser considerada um conhecimento seguro. Instável e variável, ela é facilmente manipulável. A democracia, regime político no qual as opiniões são levadas em conta e desempenham um papel importante, é facilmente dominada pela demagogia*. Para Platão, as opiniões são semelhantes às estátuas de Dédalo, que tinham de ser acorrentadas para que não pudessem fugir: da mesma forma, é preciso, para estabilizar as opiniões, encadeá-las em um raciocínio causal. Mas então elas perdem seu caráter de opiniões e tornam-se verdadeiros conhecimentos.

Esta é a razão pela qual as opiniões são, em relação à verdade, insuficientes.

- Para os cientistas, elas constituem um grande "obstáculo epistemológico*". Esta expressão de Bachelard designa todas as prenoções e preconcepções, o conjunto das representações e das ilusões através das quais os homens acreditam poder explicar o mundo que os cerca antes do estabelecimento da ciência. Essas representações formam um tecido muito sólido que resiste à explicação científica e até mesmo a impede de nascer. Poderíamos citar muitas ciências que encontraram, no momento de sua constituição, e às vezes também depois, esses obstáculos, que são tanto mais fortes quanto mais se enraízam nos desejos ou interesses práticos.

A ciência, tanto em sua necessidade de conclusão como em seu princípio, opõe-se absolutamente à opinião. Se lhe ocorre, sobre um ponto particular, de legitimar a opinião, é por razões diferentes daquelas que fundamentam a opinião; de modo que a opinião, por princípio, está sempre errada. A opinião *pensa* mal, ela não *pensa*: ela *traduz* necessidades em conhecimentos. Ao designar os objetos por sua utilidade, ela se impede de conhecê-los. Não se pode fundar nada sobre a opinião: é preciso primeiro destruí-la. Ela é o primeiro obstáculo a ser superado (Bachelard, *A formação do espírito científico*, capítulo 1).

- Elas constituem para os filósofos uma fonte de insatisfação devido à insuficiência de fundamento de suas afirmações. No entanto, elas são fecundas como fontes de interrogações e de problemas. Sua insuficiência indica indiretamente a exigência de verdade que anima toda filosofia.

A opinião é um intermediário

Flutuando, como diz Platão, entre o ser e o não ser, a opinião está a meio caminho entre a ignorância e a ciência. E, se as opiniões se equivalem em sua insuficiência de fundamento racional, é preciso, no entanto, reconhecer que existem opiniões verdadeiras e opiniões falsas. A opinião verdadeira, inconsciente de suas razões, é, neste sentido, inferior à ciência; mas, enquanto verdadeira, ela é tão útil quanto a ciência para a aplicação. Como Sócrates explica a Mênon, se eu quiser ir para Larissa, um guia que conhece bem a estrada com certeza me levará lá. Mas ele acrescenta:

> Mas, se um outro tiver uma opinião correta sobre qual é o caminho, jamais o tendo percorrido nem tendo dele a ciência, este também não poderá ser um bom guia? (...) Enquanto ele tiver uma opinião correta sobre as coisas de que o outro tem a ciência, embora tenha apenas uma opinião verdadeira em lugar de ciência, será um guia tão bom quanto aquele que tem a ciência (Platão, *Mênon*, 97 b).

A opinião é uma conjectura* que pode ter valor, mas se caracteriza por um saber insuficiente. Por isso, muitas vezes, ela toma a forma de uma crença mais ou menos consciente dessa insuficiência.

> A opinião é uma crença que tem consciência de ser insuficiente tanto subjetiva quanto objetivamente. (...) Por último, a crença tanto objetiva quanto subjetivamente suficiente recebe o nome de ciência (Kant, *Crítica da razão pura,* Cânone da razão pura, terceira seção).

A filosofia como busca da verdade deve pôr em questão preconceitos e opiniões que impõem uma pré-compreensão do mundo que nos cerca. Entretanto, ela deve considerar a ambivalência desta pré-compreensão, que é ao mesmo tempo obstáculo e abertura para a verdadeira compreensão. Nossa relação com o mundo nunca é inicialmente direta e imediata (cf. capítulo 1). Ela é composta por nossas preconcepções, e ninguém pode ser completamente racional:

> Não há no mundo um filósofo tão grande que não acredite em um milhão de coisas fiando-se em outrem e que não suponha muito mais verdades do que ele próprio estabelece (Tocqueville, *A democracia na América*, t. II, I, 2).

Distinções conceituais

Preconceito, opinião, juízo

Essas três noções estão classificadas aqui segundo uma ordem crescente de racionalidade:
- **o preconceito** é uma ideia recebida, aceita sem exame crítico e sem elaboração racional.
- **a opinião** é um parecer formado a partir da experiência. Ela supõe uma certa atividade intelectual: comparação de situações particulares e reflexão. Dizemos: "formar uma opinião", "construir uma opinião". Afirmamos: "esta é minha opinião", enquanto ninguém pensará em dizer: "este é meu preconceito". Todas as opiniões se equivalem? Do ponto de vista do seu conteúdo, não: algumas são verdadeiras, outras são falsas. Somente o conhecimento permite decidir sobre opiniões opostas. Mas elas se equivalem se consideramos sua insuficiência teórica: uma não vale mais do que a outra, pois nenhuma está realmente fundamentada na razão. E todas as opiniões são respeitáveis? Somente as pessoas o são, e é na medida em que a liberdade de opinião e de expressão lhes é reconhecida que as opiniões merecem respeito.
- **o juízo** é a faculdade de distinguir o verdadeiro do falso. Enquanto a opinião não tem um fundamento racional assegurado e é variável e instável ("troca-se de opinião como se troca de camisa"), o juízo de conhecimento é uma asserção fundamentada na razão.

Temas

- É possível não ter preconceitos?
- A guerra contra os preconceitos tem fim?
- O que vale uma prova contra um preconceito?
- Existem bons preconceitos?
- Podemos dizer legitimamente que todas as opiniões se equivalem?
- Todas as opiniões são toleráveis?
- A opinião pode ser a base da lei?
- A opinião pode ser o guia do poder político?
- A opinião é um conhecimento?
- Existem estágios entre saber e ignorar?

Capítulo 3

Autoridade e tradição

A filosofia moderna que nasce com Descartes e que vai se desenvolver na filosofia do Iluminismo (*Aufklärung*, em alemão, e *Illuminismo*, em italiano) no século XVIII pretende se libertar das autoridades doutrinais para se submeter apenas à autoridade da razão. A oposição entre a autoridade resultante da tradição e a autoridade da razão se faz em prol unicamente da razão, pois a autoridade doutrinal é percebida como aquilo que nos impede de fazer uso de nossa razão. Somente a razão deve ter autoridade e, para se chegar a isso, é preciso fazer um exame crítico do que a tradição transmite. É preciso, conforme a etimologia do verbo "criticar", fazer a triagem: *krinein*, em grego, significa "selecionar, discernir".

1. O princípio de autoridade

O dogmatismo das autoridades

O princípio de autoridade, que dá origem aos chamados "argumentos de autoridade", consiste em exigir a aceitação incondicional de afirmações produzidas dogmaticamente*, isto é, sem que sejam apresentadas as razões capazes de fundamentá-las e sem que elas próprias sejam submetidas ao exame racional. Na maioria das vezes, invoca-se a dignidade ou a sacralidade da fonte de onde provêm as afirmações que são propostas à aceitação. A autoridade é então investida de tal prestígio, que ela supostamente fornece toda a garantia para que se confie nela sem necessidade de mais provas.

Assim, Aristóteles invoca muitas vezes a autoridade dos anciãos, que, graças ao privilégio da idade, "já viram muito" e cuja experiência é valiosa. O próprio Aristóteles, "o mestre daqueles que sabem", segundo Dante, desfrutou de uma autoridade incontestada durante toda a Idade Média, até o nascimento da ciência e da filosofia modernas.

A crítica exemplar da ciência moderna: Galileu

A obra de Galileu é exemplar do questionamento do princípio de autoridade pela ciência moderna. As novas teorias esbarram nos defensores da tradição, que recusam os fatos novos descobertos pela experiência conduzida racionalmente, contrapondo a eles a autoridade dos livros.

> O que há de menos honesto do que ver, nos debates públicos, em que se trata de conclusões demonstráveis, um indivíduo intervir com um texto, escrito muitas vezes com outro intuito, e se servir dele para fazer calar seu adversário? (Galileu, *Diálogo sobre os dois grandes sistemas do mundo*).

Os homens resistem, também, às descobertas que põem em questão aquilo que eles acreditam saber, e procuram a qualquer preço integrá-las na teoria antiga; chegam mesmo a dar provas da mais completa má-fé. Por exemplo, recusam-se a ver, durante uma dissecação, que os nervos partem do cérebro e não do coração, porque Aristóteles escreveu o contrário; ou, então, recusam-se a ver as manchas solares que Galileu descobre com a ajuda de sua luneta astronômica (instrumento técnico recém-inventado) porque, segundo os antigos, o sol é um corpo inalterável, imune a qualquer mudança: no entanto, a observação mostra que as manchas solares nascem, se deslocam, e desaparecem. O princípio de autoridade consiste em recusar a experiência, mesmo que para isso seja preciso reduzir ao silêncio o próprio experimentador, como aconteceu com Galileu, que passou por essa cruel experiência com o processo da Inquisição.

Diante de sua impotência para explicar as novas observações celestes feitas graças à luneta astronômica, a ciência tradicional se volta para os textos e os impõe dogmaticamente a todos aqueles que contestam a sua verdade. Os aristotélicos deixam então, diz Galileu, o "título honroso de filósofo" pelo de "doutor em memória". E, no entanto, é preciso parar de se submeter dessa forma à autoridade dos homens. Mesmo, e sobretudo, se eles tiverem uma longa tradição do seu lado, pois, no domínio da ciência, a verdade não pode invocar o passado: ela está sempre sendo revista, e sua verdade está em seu porvir.

Pare, pois, senhor Simplício, de alimentar a esperança de que existem homens a tal ponto mais eruditos e mais versados nos textos do que nós, que lhes seria possível, a despeito da natureza, tornar verdadeiro o que é falso (Galileu, op. cit.).

Um verdadeiro sábio é aquele que, a despeito das autoridades consagradas, aceita os fatos novos modificando a teoria e inventando conceitos novos para explicá-los; se necessário, ele abandona a teoria e constrói uma nova, se a experiência vier a contradizer a mais antiga. Percebe-se que a recusa do princípio de autoridade não significa para Galileu a recusa de toda autoridade. Trata-se de recusar a autoridade abusiva dos homens, que é tão mais forte quanto mais eminentes são eles, em prol da autoridade da experiência e da razão. A autoridade dos homens é artificial:

> É nula a autoridade dos homens sobre os efeitos da natureza, pois ela é surda e inexorável aos seus vãos desejos (Galileu, *O ensaiador*).

Contra o princípio de autoridade, Galileu afirma com veemência a autoridade da experiência e da razão:

> E enquanto Sarsi diz não querer ser um daqueles que fazem aos homens sábios a afronta de contradizer suas palavras e de as recusar, eu digo que não quero ser um daqueles ingratos que, tendo recebido da natureza e de Deus os sentidos e a razão, preferem a esses dons tão preciosos os erros dos homens; eu digo que não quero acreditar cega e tolamente no que ouço, nem transferir a liberdade do meu espírito para alguém que pode se enganar tanto quanto eu (Galileu, op. cit.).

2. A autoridade da razão

A razão contra os "doutos"

Assim como Galileu, Descartes pensa que não se encontrará a explicação da natureza através de uma leitura assídua dos autores. E mais, que, quanto mais assídua for essa leitura, maior será o risco de passar ao largo da verdade. O acúmulo de conhecimentos livrescos não substitui o exercício da razão: é um entrave a ele. Uma grande erudição pode ser sinal de uma grande curiosidade, mas o estudo de fontes históricas nunca revelará os princípios de um pensamento racional.

> Vemos frequentemente aqueles que nunca se preocuparam em estudar julgando o que se apresenta a eles com muito mais solidez e clareza do que aqueles que sempre frequentaram as escolas (Descartes, *Regras para a direção do espírito*, Regra IV).

Descartes critica os doutos que se comprazem em usar um discurso enigmático para com isso ganhar prestígio junto aos ignorantes. Ele rejeita as meditações obscuras e confusas, as pesquisas desordenadas que geram o ecletismo*.

Precisamos nos proteger desses pseudoconhecimentos parasitários que ofuscam a luz natural. Por luz natural, Descartes entende a razão, faculdade natural de distinguir o verdadeiro do falso e o bem do mal. A esta faculdade de discernimento, ele chama também de bom-senso* – não confundir com o bom-senso popular, ou senso comum*, a que a opinião recorre com frequência e é apenas o conjunto dos preconceitos e dos pareceres comumente aceitos. A primeira frase do *Discurso do método* afirma a universalidade da razão: "O bom-senso é a coisa mais bem distribuída do mundo". A luz natural é igual em todos os homens: existe em cada um uma potência de verdade. Mas essa potência de verdade deve ser exercida:

> Tendo todos os homens uma mesma luz natural, parece que todos deveriam ter as mesmas noções; mas (...) quase ninguém

utiliza bem essa luz (Descartes, *Carta a Mersenne*, 16 de outubro de 1639).

Aqueles que se apegam demasiadamente aos autores perdem o hábito de exercitar a razão, submetendo-se a um pensamento alheio. Tornam-se cegos à verdade. É por isso que Descartes invoca constantemente o julgamento de seu leitor, e isso não é um traço de estilo.

> E se escrevo em francês, que é a língua do meu país, e não em latim, que é a dos meus preceptores, é porque espero que aqueles que se servem somente de sua razão natural, inteiramente pura, julgarão melhor minhas opiniões do que os que só acreditam nos livros antigos (Descartes, *Discurso do método*, sexta parte).

A evidência da razão é um critério de verdade melhor do que todas as opiniões de Aristóteles e de são Tomás. Devemos portanto submeter toda autoridade ao exame e à autoridade da razão. Ao afirmar, deste modo, a necessidade de tudo submeter ao tribunal da razão, Descartes inaugura a filosofia moderna. Como a razão é igual em todos, sua autoridade é uma autoridade que é compartilhada. Ao escrever as *Meditações metafísicas*, Descartes afirma que não quer que sua palavra seja aceita, e sim pôr à prova suas razões, que, se forem verdadeiras razões, o serão também para seus leitores:

> Exporei primeiramente nestas Meditações os mesmos pensamentos pelos quais estou persuadido de que atingi um conhecimento certo e evidente da verdade, para ver se, com as mesmas razões que me persuadiram, eu poderia também persuadir os outros. Depois disso, responderei às objeções que me foram fei-

tas por pessoas de espírito e de doutrina (Descartes, *Meditações metafísicas*, prefácio do autor ao leitor).

Contra o dogmatismo de um pensamento imposto peremptoriamente e contra o relativismo das opiniões inconstantes e diversas, a razão promove um pensamento crítico que procura explicar e fundamentar suscitando o debate, a discussão, o diálogo. A meditação que é apresentada pede objeções e, através das respostas que buscará fornecer, ela se tornará mais precisa, se aprofundará e se corrigirá. Porque a razão é comum a todos.

Autoridade e liberdade

A verdadeira autoridade é aquela que tem sua origem na razão, e não é incompatível com a liberdade. Obedecer à própria razão é obedecer a si mesmo. É isto o que Kant desenvolveu em *O que é o Iluminismo?*, ao enunciar o célebre princípio "Ousa utilizar o teu próprio entendimento" e ao insistir na necessidade de constituição de um espaço público de discussão e da divulgação da ciência.

Mas, para poder fazer uso da própria razão, é preciso primeiro que ela seja posta em ação. A irracionalidade do estado de infância (capítulo 2) constitui um sério obstáculo a ser superado, que a educação deverá enfrentar. A impotência e a fragilidade da criança exigem cuidados, e, no início do *Contrato social*, Rousseau ressalta a necessidade e a legitimidade da autoridade paterna.

A mais antiga de todas as sociedades e a única natural é a da família. Ainda assim, os filhos permanecem ligados ao pai apenas enquanto precisam dele para se manter. Logo que acaba esta necessidade, o laço natural se dissolve. Os filhos, liberados da obediência que deviam ao pai, e o pai, liberado dos cuidados que devia aos filhos, entram todos igualmente em independência (Rousseau, *O contrato social*, livro I, capítulo 2).

A autoridade paterna é exercida em prol dos interesses daqueles que estão submetidos a ela; ela preserva os filhos da morte e os conduz à independência. Ela é natural porque se funda na necessidade, mas por isso mesmo ela é provisória: logo que o filho é capaz de prescindir do pai e de prover sozinho sua existência, a autoridade paterna desaparece. Se os laços entre pai e filho perduram, é por obra de sua vontade e de seus sentimentos, e não da necessidade. A autoridade paterna é legítima na medida em que ela trabalha para sua própria supressão. Ela é a condição necessária para que o filho atinja a liberdade efetiva.

É neste sentido que o conceito de autoridade não se opõe ao de liberdade. Convém distinguir, e mesmo opor, a relação do mestre (*maître*) com o aluno e a relação do dono ou senhor (*maître*) com o escravo. A língua latina – e assim também a portuguesa – faz uma diferença entre o *magister* e o *dominus*, enquanto a língua francesa usa somente a palavra "*maître*". O *magister* exerce uma autoridade fundamentada no livre reconhecimento de uma superioridade no campo do saber e do julgamento por parte daquele que se submete a ela. O *dominus* exerce uma dominação que obriga o escravo a uma obediência incondicional. A dominação violenta o dominado, enquanto a mestria educa o aluno, e assim cumpre sua função, que é a de conduzi-lo até onde ele possa prescindir do mestre, porque se tornou seu próprio mestre. Tornar-se discípulo de um mestre, condenando-se a nunca assumir seu próprio pensamento na primeira pessoa, segundo a comparação de Descartes, é ser como a hera que se cola a uma árvore: ela poderá subir tão alto quanto a árvore, mas nunca mais alto; ao contrário, ao chegar no topo da árvore, ela tende a descer. Podemos levar a comparação mais longe e pensar que, se a hera não pode ultrapassar a árvore, ela pode sufocá-la. Aquele que faz de um autêntico filósofo um princípio de autoridade não somente abdica de sua própria razão, como também deturpa a filosofia, transformando-a em breviário. A leitura realmente filosófica de uma obra de filosofia é aquela que devolve o leitor a ele mesmo, dando-lhe a oportunidade de exercer sua própria razão.

Distinções conceituais

Dogmatismo e procedimento dogmático

- O **dogmatismo** caracteriza aquele que afirma sem provas e ainda assim quer ganhar a adesão daqueles a quem se dirige. É dogmático aquele que recusa a discussão e a crítica e tem certeza de que detém a verdade, sem ter os meios de fundamentá-la racionalmente. O dogmatismo se opõe, então, ao relativismo daquele que afirma "a cada um sua própria verdade". Para Kant, o dogmatismo é a pretensão da razão de avançar sem ter previamente examinado os limites de seu próprio poder. O dogmatismo se opõe portanto à crítica, que Kant define como a ciência dos limites (cf. *Crítica da razão pura*, segundo prefácio).
- Em compensação, a utilização de um **procedimento dogmático** não é pejorativa: ele é aquele que é utilizado para

apresentar conhecimentos adquiridos em uma ordem lógica. Kant mostra que a ciência, na medida em que é demonstrativa, é também necessariamente dogmática. Com efeito, uma demonstração não é mais que uma exposição racional (cf. capítulos 8, 9). Uma teoria científica exposta num sistema* positivo de proposições nunca apresenta os movimentos errantes e os erros pelos quais passou para chegar ao edifício racional que a constitui. O ensino de uma ciência em geral omite a história daquela ciência. A ordem racional não é a ordem histórica das descobertas.

Crer e saber

Saber sua lição, saber seu papel de cor, saber seu caminho é conhecer de maneira segura. Não saber o que fazer da vida, não saber para onde se virar, não saber para qual santo apelar é, ao contrário, a situação de quem está condenado a vagar errante, por ignorar que orientação seguir, quem é o inimigo a combater ou qual é o recurso possível diante dos perigos.

Vemos assim que, se o campo do **saber** aparece atualmente dominado por um tipo particular de **conhecimento** que é a **ciência**, ele não pode, de maneira alguma, se reduzir a ela. Uma criança de um ano sabe andar, eu sei dirigir um carro, eu sei que Luís XVI foi decapitado. Todos esses são saberes que não dependem de um conhecimento científico. Excluindo as **habilidades** (os dois primeiros exemplos), ainda assim temos que distinguir entre **diferentes tipos de saberes**: o saber histórico que me informa (a morte de Luís XVI), o saber que é extraído da experiência cotidiana (o café é um excitante) ou da experimentação (a água se decompõe em oxigênio e hidrogênio), e o saber racional abstrato que permite afirmar que a soma dos ângulos de um triângulo é igual a dois ângulos retos.

Saber consiste em fazer um julgamento acompanhado de certeza, estando a **verdade objetiva** garantida por um certo número de **procedimentos de validação** cujas razões podem ser expostas. Demonstramos um teorema, refazemos uma experiência, controlamos os testemunhos: as justificações objetivas do saber criam a possibilidade de partilhá-lo e de transmiti-lo, de retificá-lo ou de estendê-lo.

Podemos acreditar sem saber e tomar como absolutamente certo algo que se revelará absolutamente falso. Mas existem também graus e formas de crença. Não podemos equiparar a credulidade infantil, a crença no progresso, a fé religiosa... Acreditar no Papai Noel, nos contos de fadas, acreditar que passar embaixo de uma escada dá azar, que os nativos do signo de Touro são combativos, crer em Deus, na justiça etc. são crenças que não podem ser identificadas. A crença tem uma positividade. Antes de fazer um diagnóstico firme e sólido, o médico acredita ser uma pneumonia (ele ainda não está certo), ele acredita saber (ele supõe).

Enquanto "saber" se baseia em condições objetivas, "acreditar" recorre a proposições ou enunciados que são **tomados como verdadeiros**, que reivindicam a verdade, com graus variáveis de certeza que podem ir da **dúvida** ou **suspeita** até a **convicção íntima**, passando pela **confiança**. A **certeza** é o sentimento subjetivo da verdade de uma afirmação ou de um fato. A certeza pode ser verdadeira ou falsa. É a ausência de garantia objetiva que priva algumas crenças do assentimento universal e dificulta sua comunicação e seu compartilhamento. Em compensação, existem crenças acompanhadas de razão: se alguém me demonstra um teorema, eu o aceito racionalmente e adquiro uma crença objetivamente fundamentada.

Convém então evitar as confusões, e o texto a seguir pode ajudar nisto. Kant distingue nitidamente três graus de crença, de uma crença apenas subjetiva que só vale para mim a uma crença objetivamente fundamentada que vale para todos os seres racionais.

> A crença, ou o valor subjetivo do juízo, em relação à convicção (que tem ao mesmo tempo um valor objetivo), apresenta os três graus seguintes: a *opinião*, a *fé* e a *ciência*. A *opinião* é uma crença que tem consciência de ser insuficiente *tanto* subjetivamente *quanto* objetivamente. Se a crença for apenas subjetivamente suficiente, e ao mesmo tempo for considerada objetivamente insuficiente, ela se chamará *fé*. Finalmente, a crença suficiente tanto subjetivamente quanto objetivamente se chama *ciência* (Kant, *Crítica da razão pura*).[3]

Ao inscrever o problema da fé no âmbito de sua filosofia prática, Kant se esforçou para dissociar radicalmente a fé do saber. A fé depende unicamente da certeza moral. Seria errado, portanto, opor mecanicamente o saber e a crença. Sem dúvida, podemos acreditar abusivamente que sabemos, e saber nem sempre nos impede de acreditar. É o que mostram bem as fórmulas conhecidas: "eu sei, mas ainda assim...", "eu sei que Papai Noel não existe, mas ainda assim...". Como escreveu Ionesco: "todos os homens sabem que são mortais, mas nenhum acredita nisso",

---

[3] Extraído de I. Kant, *Critique de la raison pure* (Paris, Puf, 1944), p. 552.

Como sublinha Leibniz, "um homem viciado em vinho considera que, levando a vida que leva, ele estraga a sua saúde e dissipa os seus bens, que ele vai se desmoralizar perante o mundo, atrair doenças e, finalmente, cair na indigência até não ter mais como satisfazer a paixão pela bebida que o domina com tanta força". No entanto, esse saber não tem força sobre seu espírito: ele vê o melhor, concorda, mas faz o pior e continua a beber.

Temas

- Sou dono dos meus julgamentos?
- Devemos sempre querer ter razão?
- Podemos ser livres diante da verdade?
- Devemos submeter tudo à razão?
- O uso da razão exclui toda e qualquer crença?
- A tradição é um obstáculo à liberdade?

**Segunda parte
A ambiguidade da experiência**

Capítulo 4

O impulso da experiência

1. O espanto

O espanto, despertar para a filosofia

Se a filosofia é busca, e se a busca nasce daquilo que nos interroga e suscita nosso interesse, podemos entender que o espanto, fonte de perguntas, seja visto por Platão e por Aristóteles como a origem da filosofia.

Os gregos antigos, diz Hegel, referindo-se aos filósofos pré-socráticos, se espantam diante da natureza, e isto marca o despertar do espírito.

> O espírito grego, ao ser despertado, se espanta com o natural na natureza; diante dela ele não fica insensível, como se se tratasse de algo dado, mas se comporta como se estivesse diante de um elemento em princípio estranho ao espírito, tendo, todavia, o pressentimento e a fé de que aquele objeto contém em si algo

que lhe é favorável e em relação ao qual sua atitude pode ser positiva. (...) Era assim que os gregos ouviam o murmúrio das fontes, se perguntando o que aquilo poderia significar (Hegel, *Lições sobre a filosofia da história*, segunda parte).

A natureza, primeiro, impulsiona o espírito, pois ele experimenta um feliz pressentimento, e o espanto se transforma em acolhida.

Mas o espanto surge também das circunstâncias extraordinárias que se produzem, do insólito e da anomalia que se apresentam e perturbam o universo familiar: o estranho, o singular, o bizarro resistem a toda associação com o que é conhecido, e não podem ser aniquilados. Os hábitos mentais são abalados, a incerteza nasce e logo se transforma em inquietação e perturbação. O espanto, que de início é hesitação, flutuação do espírito, desestabiliza de modo desagradável; mas a novidade, a originalidade do que se apresenta e não se deixa compreender através dos nossos esquemas usuais, excita a imaginação e dá um impulso à busca. É por isso que Sócrates afirma:

> O espanto é a verdadeira característica do filósofo. Não tem outra origem a filosofia (Platão, *Teeteto*, 155d).

Da mesma maneira, Aristóteles vê no espanto o sentimento originário da filosofia:

> Pois os homens começam e começaram a filosofar movidos pelo espanto; no princípio, espantados diante dos fenômenos mais comuns; logo, avançando pouco a pouco e se colocando problemas maiores (...). Aquele que se coloca um problema

ou se espanta reconhece sua própria ignorância (Aristóteles, *Metafísica*, livro A, 2, 982b13-17).

O espanto, que interrompe o curso habitual da vida, obriga a suspender a ação e abre o campo da reflexão. Logo, ele tem um valor teórico, pois

se filosofaram para fugir da ignorância, é claro que buscavam o saber em vista do conhecimento, e não por alguma utilidade (Aristóteles, op. cit., 982b18-23).

Qualquer coisa que espanta obriga o homem a se fazer uma pergunta; o pensamento começa a pensar, e, diferentemente da ação, que na maioria das vezes não sofre adiamentos, o pensamento leva tempo para se desenvolver. O pensamento é uma tarefa cuja urgência é dada pelo espanto.

O espanto, abertura para o pensamento

Em uma perspectiva mais ampla, o espanto abre a vida ao pensamento; ele revela uma relação problemática com o mundo, que desperta a inteligência.

Que o espanto é o sinal de que a especulação* é uma necessidade natural do espírito humano, e que o pensamento tem um valor intrínseco, independentemente de qualquer consideração de utilidade, é também o que diz Auguste Comte no início de seu *Curso de filosofia positivista*. A inteligência humana é impelida, por um "impulso mental", a ligar os fenômenos em um ato de conhecimento. Ora, o que está bem encadeado não choca; quando conseguimos compreender facilmente o desconhecido por associação e por derivação a partir do conhecido, a calma e a tranquilidade do espírito não são perturbadas. Em compensação, as irregularidades nos deixam estupefatos, as contradições nos deixam enredados, as rupturas brutais no curso dos acontecimentos naturais nos desorientam. O advento do extraordinário arranca a natureza humana de seu "torpor inicial", de sua "letargia", e desperta a necessidade de conhecimento que a inteligência sente.

> Para sentir o quanto esta necessidade é profunda e imperiosa, basta pensar nos efeitos fisiológicos do espanto, e considerar que a sensação mais terrível que poderíamos experimentar é aquela que se produz todas as vezes que um fenômeno nos parece não acontecer de acordo com as leis naturais que nos são familiares (Comte, *Curso de filosofia positivista*, Segunda lição).

O espanto manifesta então o surgimento do pensamento na vida. A impossibilidade de compreender leva a buscar compreender. É porque nos sentimos bloqueados que procuramos ir mais longe. Somente a tensão desperta a atenção. O espanto, e a emoção que ele produz, dão o impulso e a energia necessários para pôr a razão em movimento.

O espanto, obstáculo à filosofia

Mas, se o espanto abre ao pensamento, ele pode, se for muito forte, paralisá-lo. Atingir com um raio, estupefazer, impor a uma presa o terror que cega, esse é para Descartes o efeito do espanto. É porque a experiência do espanto é ambígua que essa inversão da valorização teórica do espanto por Platão e Aristóteles é possível. Descartes estuda o espanto colocando-se na perspectiva do sujeito humano em seu livro *As paixões da alma*, e o define como um excesso de admiração que só pode prejudicar o uso da razão. No espanto, no sentido cartesiano, o sujeito, paralisado por aquilo que vê, é atingido pelo estupor e torna-se estúpido.

Spinoza, neste ponto, seguirá Descartes: o espanto atinge aquele que tem um conhecimento do primeiro modo, isto é, um conhecimento "por experiência vaga".

> Pois, ao tirar de algumas observações particulares uma conclusão geral, ele é como que atingido pelo estupor, quando vê alguma coisa que vai contra esta conclusão. É assim que alguém que só tenha visto carneiros de cauda curta fica espantado ao se deparar com carneiros marroquinos que têm caudas longas. Assim, também, conta-se de um camponês que estava convencido de que não existiam campos além dos seus; ao desaparecer uma vaca, ele foi obrigado a procurá-la bem longe e ficou muito espantado ao constatar que além dos seus próprios, havia uma grande quantidade de campos (Spinoza, *Breve tratado*, segunda parte, capítulo III).

O espanto abala a confiança ingênua (cf. capítulo 1) daqueles que tomam sua localidade pelo universo inteiro. Deste ponto de vista, o espanto é positivo. Mas é fácil entender que um espanto que mergulha no estupor e na estupidez seja visto como aquilo de que a ciência deve nos libertar.

A racionalidade contra o espanto

A ciência cartesiana pretende destruir a própria possibilidade do espanto: o conhecimento das causas explica os efeitos. A natureza obedece a leis que não deixam nenhum espaço para prodígios. Ao explicar geometricamente como se efetua o desvio de um raio luminoso que atravessa um dioptro (lente de vidro côncava ou convexa), Descartes elimina, por meio do conhecimento racional, o espanto e a admiração suscitados pelas "maravilhosas lunetas" que os técnicos inventaram sem nenhum auxílio da ciência, na Idade Média. A *Dióptrica*, um dos ensaios científicos que o *Discurso do método* introduz, mostra que a ciência, para Descartes, é uma vitória obtida sobre o espanto. O espanto é "um excesso de admiração que só pode ser ruim", porque ele

> pode suprimir ou perverter o uso da razão. É por isso que, embora seja bom ter nascido com alguma inclinação para esta paixão, pois isso nos predispõe à aquisição das ciências, temos todavia que tentar em seguida nos libertar dela o máximo possível (Descartes, *As paixões da alma*, segunda parte, art. 76).

Embora reconheça, como Platão e Aristóteles, que o espanto pode levar à aquisição do saber, Descartes sublinha o perigo que ele representa. O espanto, diante do objeto que se apresenta, se limita à face que ele percebe, sem necessariamente procurar adquirir o conhecimento do objeto. E pode se instalar o hábito de só buscar novidades e raridades, para ser surpreendido por elas, sem nenhuma preocupação com a reflexão. Esse é o sentido da crítica cartesiana da curiosidade, que, longe de levar a aprofundar e a compreender, arrasta o espírito numa busca indefinida do insólito e da raridade.

2. A admiração

Uma paixão bastante singular

A condenação do espanto, excesso de admiração, não implica, todavia, a condenação desta última. Ao contrário, Descartes valoriza a admiração, que considera a primeira das paixões, condição de todas as outras.

A admiração é uma súbita surpresa da alma, que faz com que ela passe a considerar com atenção os objetos que lhe parecem raros e extraordinários (Descartes, op. cit., art. 70).

A admiração não nasce da atenção, ela a suscita. E ela não vem acompanhada dos distúrbios fisiológicos provocados pelo espanto.

O que esta paixão tem de particular é que não se nota de modo algum que ela seja acompanhada de qualquer alteração que atinja o coração e o sangue, como acontece com as outras paixões. A razão disso é que, não tendo nem o bem nem o mal como objeto, mas só o conhecimento da coisa que se admira, ela não tem nenhuma relação com o coração e o sangue, dos quais depende todo o bem do corpo, mas apenas com o cérebro, onde estão os órgãos dos sentidos utilizados para este conhecimento (Descartes, op. cit., art. 71).

A paixão da razão?

A admiração dirige a alma para o conhecimento daquilo que ela admira, sem alterar, por uma emoção intempestiva, a faculdade de conhecer. Enquanto a natureza é, para Descartes, transparente ao conhecimento que exclui qualquer forma de admiração, ainda assim continua a existir um importante lugar para ela. De fato, para a ciência cartesiana, tudo acontece mecanicamente na natureza e só muda segundo a figura, a grandeza e o movimento. Tudo é explicável, não havendo razão para ficarmos maravilhados. A admiração só encontra espaço, então, lá onde a natureza para e onde a ciência se torna impotente. E, paradoxalmente, quanto mais a ciência progride, mais evidente se torna nossa incapacidade de compreender os prodígios metafísicos, as três maravilhas feitas por Deus.

> Deus fez três maravilhas: as coisas a partir do nada, o livre arbítrio, e o Homem-Deus (Descartes, *Olímpicas*).

O que a ciência não pode pensar, e que no entanto nos interessa, abre o caminho para o pensamento filosófico. O ser não se reduz à sua cognoscibilidade. Ele excede todo conhecimento e esta incompreensão torna a metafísica possível e necessária.
Na *Crítica da faculdade do juízo*, Kant também distingue o espanto e a admiração. Na *Observação geral à exposição dos juízos reflexivos estéticos* (livro II, *Analítica do sublime*), ele observa que o espanto é uma "afecção na representação da novidade que ultrapassa o que esperamos", enquanto a admiração não cessa quando a novidade esmorece. Ela é um sentimento imperecível. O espanto faz surgir uma dúvida e desaparece com ela. A admiração é diferente:

> A admiração é um espanto que renasce sempre, apesar do desaparecimento desta dúvida (...) ele alarga a alma, que pressente, por assim dizer, além desta representação sensível, alguma coisa ainda (...) (Kant, *Crítica da faculdade do juízo*, § 62).

Admirar exige uma forma fundamental de abertura e requer que reconheçamos a necessidade de deixar que se imponha em nós algo que nos ultrapassa e nos leva a nos ultrapassarmos.

Distinções conceituais

O espantoso e o espantado

- Para Platão e para Aristóteles, **o mundo é espantoso**: o espanto nasce porque o real é problemático. Platão explica que são as insuficiências e as contradições do mundo sensível que espantam e dão impulso ao pensamento. As propriedades sensíveis são deficientes em relação às essências puras das quais elas são apenas as imagens, afirma Sócrates no *Fédon*. As imagens são ao mesmo tempo pobres e ricas: de um lado, elas sofrem de uma falta ontológica* em relação às essências de que elas são imagens; mas, de outro, elas fornecem um ponto de apoio que leva à verdadeira realidade de que elas são imagens. Na imagem, a presença se dá como ausente, e a ausência assim se torna presente.
- A inversão cartesiana do espanto é clara: é o **homem que se sente espantado**. Descartes analisa o espanto subjetivo e o denuncia: como é possível se espantar com a natureza que a ciência explica racionalmente, a não ser que se esteja aquém da racionalidade?

É a admiração que é, para ele, abertura para o ser.

Temas

- A certeza é sinal de um pensamento morto?
- O espanto é apenas sinal de nossa ignorância?
- Espanto e conhecimento.
- Para pensar é preciso renunciar às imagens?

Capítulo 5

A experiência da dúvida

1. A dúvida corriqueira

O espanto diante da irrupção do estranho em meio às coisas familiares engendra a dúvida: será que estou vendo bem o que vejo? A experiência é decepção: a coisa não é tal como eu a imaginava, e a desilusão é inevitável (cf. capítulo 1). As circunstâncias da vida frustram a confiança ingênua; a incerteza e a inquietação surgem. Duvidar é se distanciar e se interrogar. A dúvida desfaz, assim, nossa identificação primordial com o mundo e inaugura a infelicidade da consciência. Aquele que duvida não pode nem afirmar, nem negar: ele está em uma situação difícil e não sabe como sair dela. O duvidoso não é nem verdadeiro nem falso, nem bom nem mau, nem branco nem preto. Quando ouvimos um comentário de gosto duvidoso, sabemos que ele não é de bom gosto, mas não podemos dizer que seja de mau gosto. A interrogação vai incessantemente de uma a outra via alternativa, sem poder se fixar em uma ou outra posição, num movimento que nada mais é que a inquietação (in-quietação é literalmente falta de sossego). Preferimos, então, para evitar esse desconforto que às vezes se transforma em angústia, a segurança das opiniões correntes que evitam grandes questionamentos. Aqueles que chamamos de bem-pensantes são os que pensam como todo mundo, ou seja, que precisamente renunciam a pensar (cf. capítulo 2). Nos casos extremos, a fuga diante da dúvida pode nos levar a buscar refúgio na crença nas superstições e na submissão cega ao dogmatismo das seitas. Mas, se experimentarmos a dúvida, ela também poderá dar início a uma reflexão que permitirá retificar ou descartar as opiniões anteriores e extrair da experiência algum ensinamento. Ela já é um caminho de cultura.

2. O uso filosófico da dúvida

A dúvida é uma experiência subversiva: ela põe à prova as presunções de saber, desmonta a segurança daqueles que falam uma linguagem que não controlam, que não refletem sobre as implicações do que dizem.

A aporia socrática*

Sócrates pratica uma espécie de jogo: ao dizer que a única coisa que sabe é que nada sabe, ele obriga seu interlocutor a se expor, para em seguida submetê-lo à questão (cf. capítulo 8). Laques e Nícias, dois bons pais de família, pedem-lhe conselho para escolher um educador que faça de seus filhos guerreiros corajosos. Sócrates, aparentemente cheio de boa vontade, quer ajudá-los nessa busca, mas ele próprio não sabe o que é coragem... Os dois amigos morrem de rir: então em Atenas todo mundo não sabe que ser corajoso é ficar firme diante do inimigo? Mas, retruca Sócrates sutilmente, todo mundo também não conhece os Citas, orgulhosos arqueiros que, por astúcia, começam fugindo diante do inimigo para em seguida melhor crivá-lo de flechas mortais e assim alcançar a vitória? A definição de coragem proposta por Laques e Nícias não recobre totalmente o que precisa ser definido; para Sócrates, torna-se fácil apontar sua falha com a ajuda de um contraexemplo. Assim procedendo, ele cria uma situação de bloqueio; o pensamento entra em contradição com ele mesmo. É a aporia* (do grego *a* = sem, e *poros* = poro, passagem), que significa uma dificuldade de passagem, um obstáculo que se interpõe e impede de avançar. Fracasso aparente, muitas vezes desanimador para o interlocutor que não percebe a positividade da refutação, mas sente o incômodo da dúvida e a irritação contra quem a provocou. Mas aquele que é valente continua a busca, e a dúvida socrática é então um caminho, uma via de acesso a um pensamento mais verdadeiro. É precisamente o que se chama de dúvida metódica*.

A dúvida metódica de Descartes

Uma dúvida metódica é uma dúvida que é organizada tendo em vista a busca da verdade.

Ela pode, como no caso da dúvida socrática, seguir o caminho sinuoso de uma busca cujo traçado se delineia progressivamente com os avanços da reflexão. Essa busca, cujo objetivo não é conhecido previamente, pode ser freada, paralisada e às vezes mesmo pode regredir.

Ela pode também, como no caso da dúvida em Descartes, ser submetida a regras e seguir uma ordem racional, como mostra de maneira exemplar a *Primeira meditação*. A abordagem de Descartes reflete a inversão que a filosofia provoca na dúvida do dia a dia para convertê-la em dúvida filosófica. Já na primeira parte do *Discurso do método*, Descartes terminava o relato do seu itinerário intelectual com uma amarga constatação de fracasso: "não existe doutrina alguma no mundo que seja exatamente como eu antes esperava que fosse". Descartes passa pela experiência da decepção; ele toma consciência da incerteza das opiniões, e sobretudo de que fazemos passar por certas algumas coisas que não o são. Ele toma consciência de que a certeza não é um critério suficiente de verdade e de que podemos estar absolutamente certos de uma coisa absolutamente falsa. Para não sermos mais enganados, para melhor conduzirmos nossa vida e nossa razão, precisamos portanto assumir resolutamente o controle da situação.

> Eu precisava tentar seriamente, uma vez na minha vida, desfazer-me de todas as opiniões em que até então acreditara, se quisesse estabelecer algo sólido e duradouro nas ciências (Descartes, *Meditações metafísicas*, Primeira meditação).

O projeto de Descartes tem, portanto, uma dupla finalidade: uma reforma pessoal após um exame crítico das opiniões preconcebidas e a realização de um projeto teórico de fundamentação das ciências. Mas, nos dois casos, é preciso se submeter apenas à autoridade da razão (cf. capítulo 3), e a destruição sistemática de todas as opiniões é a condição para garantir o conhecimento em bases sólidas e inabaláveis.

Um empreendimento tão ambicioso não pode ser improvisado. Em primeiro lugar, não pode haver precipitação; é preciso ter atingido uma idade em que a luz natural já esteja estabelecida. Em seguida, para que o pensamento possa se desenvolver, é preciso dispor de tempo e de uma "solidão tranquila"; é preciso afastar tudo o que possa desviar o pensamento da meditação: as preocupações e as urgências da vida, as conversas dos inoportunos. É preciso deixar o mundo de lado.

> Agora que meu espírito está livre de todas as preocupações, e que consegui sossego em minha tranquila solidão, dedicar-me-ei seriamente e com liberdade a destruir todas as minhas antigas opiniões (Descartes, ibid.).

Para executar esse projeto de verdade, e conseguir levar a cabo tão grande tarefa, a arma de guerra será a dúvida. Mas não a dúvida que agita um espírito fraco e inconstante: uma dúvida voluntária, deliberada, conduzida energicamente e com ordem. Gassendi, em suas objeções às *Meditações*, fala da "máquina" da dúvida, e a imagem é bem escolhida; a dúvida, para Descartes, é uma máquina de guerra à qual nada deve escapar. Ela deve ser radical e universal:

> Porque a ruína das fundações arrasta necessariamente com ela todo o resto do edifício, atacarei primeiramente os princípios sobre os quais todas as minhas antigas opiniões estavam apoiadas (Descartes, ibid.).

A dúvida assim provocada é a própria atividade do pensamento. Por meio dela, o sujeito pensante se distancia de suas próprias representações a fim de interrogá-las. Estarão elas suficientemente fundamentadas para que ele possa afirmá-las como verdadeiras? A experiência da dúvida instaura esse distanciamento e ela é o teste de suas próprias ideias. Pensar não é ter opiniões, e sim considerar negativamente as opiniões que se tem. É a experiência da separação entre nós e nossas ideias; é a passagem da simples presença, em nós, de opiniões recebidas, para o pensamento ativo, efetivo, que é o exame da validade dessas mesmas opiniões. A experiência da dúvida, aqui, não é uma experiência dolorosa e trágica. Não é o que Hegel chama de "o trabalho, a dor e a paciência do negativo", pois o exame e a destruição fazem parte do projeto de construção de uma ciência nova que nos transformará, segundo as palavras célebres do final do *Discurso do método*, "em senhores e desfrutadores da natureza".

Eis, em resumo, as características da dúvida cartesiana:

- A dúvida é **voluntária**: ela é animada por uma vontade de verdade e de ciência.
- A dúvida é **metódica**: ela é via de acesso, caminho para a verdade, e segue uma progressão que obedece a regras. Descartes começa por duvidar das coisas mais fáceis para se elevar, pouco a pouco, em direção ao mais profundo e ao mais difícil.
- A dúvida é **radical**: ela ataca as próprias fundações, certa de provocar assim a queda de todo o edifício.
- A dúvida é **universal**, pois nada deve ser excluído dela sob pena de anular todo o empreendimento. O espírito deve dirigir a si mesmo todas as objeções possíveis.
- A dúvida se revelará **provisória**, pois a ciência é o seu fim, no duplo sentido de meta e de término; atingida a meta, a dúvida é vencida e desaparece.
- Finalmente, a dúvida tem uma última característica pela qual seu caráter especificamente filosófico se afirma de modo particular: ela é **hiperbólica**. A hipérbole é uma

figura de retórica* que se define pela ênfase, pelo exagero. A dúvida hiperbólica é uma dúvida excessiva, que ultrapassa a medida:

> A menor razão que eu encontrar para duvidar bastará para me fazer rejeitá-las todas (Descartes, ibid.).

O duvidoso é recusado e assimilado ao falso, e nessa assimilação a dúvida ultrapassa a si mesma, negando-se como dúvida. Enquanto o preconceito assimila o verossímil ao verdadeiro, a dúvida inverte essa tendência, assimilando o duvidoso ao falso. Entre o verdadeiro e o falso, não há mais intermediário. Nada mostra tão bem que a dúvida cartesiana não tem mais nada a ver com a dúvida da vida de todo dia, que mergulha na incerteza. Ela é a declaração de guerra resoluta de um espírito pronto para travar batalhas contra todas as forças dos erros que o espreitam. Ela supõe uma desconfiança generalizada, pois "é prudente nunca confiar naqueles que já nos enganaram uma vez". Mas o empreendimento cartesiano da dúvida metódica não visa a cultivar a dúvida, e sim a levá-la ao extremo para poder sair dela, pois "todo o meu projeto tendia apenas a me certificar".

A dúvida filosófica inverte portanto a dúvida corriqueira. A decepção sofrida, que mergulha na incerteza, se transforma na decisão de duvidar tomada por um espírito conquistador, e assim se opera uma verdadeira conversão. Na vida, na maioria das vezes, a dúvida sobrevém no momento da decisão e paralisa a ação; só muito mais raramente ela afeta o pensamento: em geral acreditamos que aquilo que pensamos é verdadeiro simplesmente porque o pensamos. Aqui também Descartes inverte o que é habitual. Enquanto a dúvida desenvolve toda a sua potência e ganha toda a sua amplitude no pensamento, a vida deve combater a dúvida pela resolução. Sua segunda máxima é esclarecedora a este respeito:

> Minha segunda máxima consistia em ser o mais firme e o mais resoluto que eu pudesse nas minhas ações, e em não seguir com menos constância as opiniões mais duvidosas, uma vez que eu me decidisse a fazê-lo, do que se elas fossem muito seguras (Descartes, *Discurso do método*, terceira parte).

Dúvida metódica e dúvida cética

A dúvida cartesiana não é de modo algum uma dúvida cética*. Para os céticos, a dúvida não é somente um meio, mas um fim. Porque nenhuma verdade pode ser alcançada, a dúvida cética é generalizada, opondo as representações umas às outras. Ela consiste na suspensão do juízo, de todo e qualquer juízo (em grego: *époché*), tendo em vista a ausência de perturbações (*ataraxia*) e a tranquilidade da alma. Esta dúvida filosófica, igualmente radical e universal, é definitiva e tem um alcance essencialmente moral.

> O ceticismo é a faculdade de opor as aparências (ou fenômenos) e os conceitos de todas as maneiras possíveis; a partir daí chegaremos, por causa da equipolência das coisas e das razões opostas, primeiramente à suspensão do juízo, e depois à ataraxia (Sexto Empírico, *Hipotiposes pirrônicas*).

Se Descartes utiliza o argumento cético do erro dos sentidos, não devemos nos iludir. Ele não pretende mostrar com isso que não podemos alcançar uma verdade objetiva a respeito do mundo sensível, mas quer mostrar que nossa crença subjetiva espontânea nos dados sensíveis não é um critério de verdade.

Ele próprio se distingue dos céticos, no *Discurso do método*:

> Não que por isso eu imitasse os céticos, que só duvidam por duvidar, e simulam estar sempre incertos (Descartes, *Discurso do método*, terceira parte).

Descartes não duvida "por duvidar": duvida para escapar da dúvida. A dúvida cartesiana tende ao seu próprio aniquilamento, que acontecerá assim que for encontrada "uma coisa certa e indubitável", base sólida e segura de uma ciência verdadeira.

Distinções conceituais

Subjetivo e objetivo

É objetivo aquilo que possui o estatuto de um objeto, mas também aquele que, enquanto sujeito, se atém ao que a realidade objetiva lhe revela, sem tomar partido. Fazer um relato objetivo, dar uma informação objetiva, ser um jornalista objetivo, atingir a objetividade científica: estas expressões mostram bem o valor que é dado à objetividade.

Etimologicamente, a palavra objeto significa "o que é posto diante de".

- A objetividade é primeiramente o que qualifica a existência de um **objeto** diante de um sujeito que o olha.

- A objetividade é também a qualidade de um discurso verdadeiro, isto é, que **corresponde à realidade**. Um discurso é objetivo se ele diz as coisas tais como elas são. A objetividade é uma característica das ciências experimentais: ela é obtida ao término dos procedimentos de observação e de experimentação que elaboram conhecimentos verificáveis e suscetíveis de medida e de quantificação. O objeto científico é construído.
- Quando a objetividade é alcançada, ela **acarreta o acordo racional de todos**. Mas não é porque vários sujeitos concordam que um discurso é verdadeiro; é porque ele é verdadeiro que eles concordam. A unanimidade não é um critério suficiente de verdade, e é possível ter razão sozinho contra muitos. Foi este o caso de Galileu, assim como de muitos outros sábios inovadores...
- A objetividade é também a qualidade de um sujeito que, para conhecer o objeto tal como ele é, faz um trabalho sobre si mesmo para eliminar a grade de leitura formada por suas necessidades, suas paixões, seus gostos pessoais e suas escolhas sociais, políticas e religiosas, ou seja, por tudo aquilo que lhe dá uma apreensão subjetiva do real. Um ponto de vista subjetivo é por definição particular e representa aquilo que a objetividade procura superar. Ser objetivo significa então a **impessoalidade, a imparcialidade do sujeito**.

O subjetivo é concebido na relação com o objetivo claro: os dois termos são correlatos, e só têm sentido em sua relação.

Muitas vezes, associamos a subjetividade ao relativo e ao particular. Qualificamos deste modo os gostos de cada um como subjetivos; um indivíduo pode ter uma visão subjetiva do mundo ou ter uma reação subjetiva em uma situação objetivamente dada. A subjetividade conota aqui a particularidade e a relatividade de um ponto de vista. Falar de uma interpretação subjetiva é indicar que podem existir outras interpretações e que ela pode estar no limite do arbitrário. Se o médico diz que o doente sofre de distúrbios subjetivos, ele dá a entender que sua afecção é psíquica, não inscrita nas lesões orgânicas constatáveis, ou que se trata de um doente imaginário. Opomos, então, implicitamente o subjetivo flutuante e parcial à solidez e à firmeza do que é objetivo.

Mas a noção de sujeito possui vários sentidos, e nem todos eles são pensados em oposição à noção de objeto.

É subjetivo o que se liga a um sujeito, o qual pode ser pensado em vários níveis.

- Quando entendemos por sujeito o indivíduo particular, é subjetivo aquilo que se liga à sua vivência pessoal e diz respeito a ele e só a ele. O subjetivo é então tanto a intimidade de cada um, seu jardim secreto, quanto seu ponto de vista único e não compartilhado. Subjetivo também pode ter o sentido pejorativo de uma posição parcial, que só vê a realidade sob um ângulo por definição restrito. Trata-se, então, do **sujeito empírico**, que é o eu individual.
- O sujeito pode ser o sujeito pensante, definido pela faculdade que existe em todo homem: a razão. Ele está, diz Descartes, "por inteiro em cada um de nós": o sujeito pensante, presente em todos os homens, é portanto um sujeito universal. A razão fundamenta o acordo dos sujeitos, e o conhecimento racional é necessariamente ensinável a todos. Quando todos reconhecem a necessidade

interna de uma demonstração, é porque todos são seres de razão, e não Pedro, Paulo ou Tiago.

Vemos que o fato de ser subjetivo não é necessariamente pejorativo. Tampouco é necessariamente particular. O sujeito que constrói o conhecimento deve ser distinguido do sujeito empírico, que é sempre, por definição, particular e relativo. O sujeito do conhecimento é a condição da objetividade e, neste sentido, o objeto só existe em relação ao sujeito.

Kant considera a dúvida sob dois pontos de vista, o subjetivo e o objetivo:

> A dúvida é uma razão contrária ou um simples obstáculo ao assentimento que pode ser considerado tanto subjetivamente quanto objetivamente. Subjetivamente, a dúvida é às vezes considerada o estado de um espírito indeciso; e, objetivamente, o conhecimento da insuficiência das razões do assentimento (Kant, *Lógica*, introdução, X).

Temas

- Pensar é duvidar?
- Duvidar é apenas negativo?
- É possível fazer bom uso da dúvida?
- A dúvida é o sinal da força ou da fraqueza do espírito?
- Podemos duvidar de tudo?
- Ceticismo, crítica, contestação.

Capítulo 6

O choque da experiência

A obra de Platão foi escrita em forma de diálogos. Sócrates, que na grande maioria das vezes é seu principal protagonista, conversa com interlocutores muito diferentes – ora com sofistas célebres e com os alunos destes, ora com seus concidadãos atenienses –, mas Platão jamais aparece em pessoa. Tanto é assim que nem poderíamos citar Platão, se ele não tivesse deixado também algumas cartas nas quais fala em seu próprio nome. É o caso da *Carta sétima*, na qual Platão revela suas ambições frustradas e mostra por que se voltou para a filosofia.

1. A experiência do escândalo

Platão escreveu esta carta quando, já velho, voltou de uma expedição à Sicília que foi uma dolorosa aventura e terminou numa total decepção. Sua tentativa de dar uma formação filosófica ao tirano de Siracusa, Denis, e assim realizar seu sonho de ver reunidos nas mãos de um rei-filósofo a sabedoria e o poder, que tantas vezes se encontram separados nos Estados, fracassou miseravelmente.

As ambições frustradas

De volta a Atenas, Platão debruçou-se sobre sua própria vida e contou por que e como, ao ver suas ambições políticas de juventude cruelmente frustradas, se voltou para a filosofia.

> Eu planejava, assim que me tornasse independente, dedicar-me sem mais delongas às questões públicas (...). Mas naqueles dias, conturbados como foram, sobrevieram muitos acontecimentos que se poderia considerar intoleráveis (324bc e 325b).

Como todos os jovens atenienses bem-nascidos, ele esperava impacientemente o momento de brilhar na arena política e de entrar em ação. Mas esse ideal de juventude se desfez diante do choque da experiência. Os distúrbios políticos e, sobretudo, a condenação à morte de Sócrates, seu mestre e amigo, o atingiram em cheio. Que o justo fosse condenado pelas leis e executado, eis o que era "intolerável". Platão passou pela experiência do escândalo: como tal fato pôde acontecer? A súbita tragédia de Sócrates abalou afetivamente seu discípulo, e aquele choque afetivo insuportável exigiu uma justificação, provocou uma busca de inteligibilidade. A filosofia se enraizou assim na experiência do escândalo, do mal e da infelicidade que tenta se compreender para melhor se superar.

O impulso rompido

No entanto, Platão não quis apenas deixar uma narrativa autobiográfica. Ele considerou seu próprio despertar para a filosofia como exemplar das condições do nascimento da filosofia e de sua finalidade. Com efeito, as imperfeições, as contradições do real sentidas em profundidade, levam à interrogação e à reflexão, e impõem um distanciamento, que só ele torna possível o pensamento. O "impulso imenso" que empurrava Platão para a participação nas questões públicas foi rompido. Em tais condições, lançar-se à ação política seria se condenar a uma agitação confusa, e Platão suspendeu o momento da ação para se dedicar a um exame aprofundado das condições da ação. A filosofia nasceu assim do entrave à ação. A experiência trágica fez pensar.

2. A exigência de racionalidade

A procura da inteligibilidade

Um processo de regressão em direção aos fundamentos teve então início:

> Portanto, enquanto eu considerava esses fatos, e também os homens que geriam as questões do Estado, quanto mais eu aprofundava o exame das leis e das regras consuetudinárias, quanto mais, também, eu avançava em anos, mais eu via crescer a dificuldade de administrar corretamente as questões do Estado (325c).

A morte de Sócrates foi um acontecimento que surgiu na experiência e abalou profundamente Platão: o homem justo, talvez o único homem justo de Atenas, foi condenado à morte, ao final de um processo legal. Para compreender, Platão começou a examinar "os fatos". Isto o levou primeiro a pôr em questão os "homens" que condenaram Sócrates. Mas eles não eram os próprios filhos das "leis" da cidade que os educara e na qual eles viviam? E as próprias leis não nasceram dos "costumes" que elas vieram codificar e racionalizar? E os "costumes" não envolviam toda a sociedade? A exigência de racionalidade o levou assim a remontar, passo a passo, do mais evidente, do mais manifesto, àquilo que o tornou possível. Se a morte de Sócrates era injusta, não era porque a sociedade era injusta? Essa vontade de compreender remontando de causa em causa até a raiz anima toda a filosofia de Platão e sem dúvida toda a filosofia autêntica. E o pensamento exige tempo:

> quanto mais eu aprofundava o exame (...), quanto mais, também, eu avançava em anos, mais eu via crescer a dificuldade de administrar corretamente as questões do Estado (325c).

E Platão, voltando o olhar para as outras cidades, pronunciou sua condenação sem apelação, pois:

> A respeito de todos os Estados existentes atualmente, digo que todos, sem exceção, têm um regime ruim (326a).

O choque da experiência provoca a reflexão, que se desenvolve e exige a suspensão da ação. Será então que a ação fica condenada a se ver indefinidamente adiada? E o filósofo não corre o risco de aparecer como aquele que foge da realidade para se refugiar junto às Ideias, como aquele que renuncia a toda responsabilidade política? Será que a única saída é a fuga, e devemos desistir da política? Platão não pensava assim.

A Ideia de justiça

Condenar todos os regimes existentes como injustos só faz sentido quando se toma como referência a Ideia de justiça. O que é não corresponde ao que deve ser; a existência não satisfaz a exigência; o fato não é o direito, o justo, se por direito entendermos a expressão da justiça, e não uma instituição humana que justifica os que detêm o poder. O que é legal nem por isso é necessariamente justo.

Do sentimento da injustiça vivida nasce uma reivindicação, que leva a investigar o que é a justiça. Se ela não for deste mundo, pode-se tentar de toda forma ter alguma ideia do que ela seja, e esta é a tarefa da filosofia:

> Fui levado a fazer o elogio da correta filosofia, a dizer que é ela quem fornece meios para observar em que consiste a justiça, tanto nos assuntos públicos quanto nos particulares (326a).

A filosofia procura a essência da justiça, que é a única que permite distinguir o justo do injusto. Somente a Ideia permite realizar a separação entre os dois. A Ideia não é um fato, mas ela julga os fatos. E, por isso mesmo, ela fornece uma norma para a ação e permite baseá-la na razão.

Pela leitura da *Carta sétima* de Platão, vemos que a reflexão filosófica, nascida da experiência do escândalo, torna esta experiência inteligível e permite superá-la. A condenação de Sócrates é legal, mas não é justa. Pois não basta estar de acordo com as leis existentes para ser justo.

Platão pretende mostrar aqui quais são, para ele, o sentido e a finalidade da filosofia. Nascida do choque da experiência da realidade, ela deve poder, através de um contrachoque, esclarecê-la. É preciso agir, mas, primeiro, pensar a ação; pensar a ação, mas para fundamentá-la e torná-la ao mesmo tempo mais justa e mais eficaz. Não basta sair da caverna, é preciso também voltar a ela.

Distinções conceituais

Legalidade e legitimidade

Platão mostra claramente que as leis existentes não produzem necessariamente efeitos de justiça. Sócrates, o homem mais justo de Atenas, foi condenado à morte em um processo legal. A reflexão sobre a justiça das leis leva a operar uma distinção que se revelou historicamente decisiva até nossos dias: a distinção entre a legalidade e a legitimidade.

Embora a legalidade e a legitimidade tenham a mesma etimologia e remetam ambas à noção de lei (*lex*), elas não podem ser totalmente identificadas. Se certos fatos podem ser considerados ao mesmo tempo legais e legítimos, outros se ligam apenas à legalidade ou apenas à legitimidade; a legalidade pode não ser legítima, se for instituída por um poder tirânico, e a legitimidade pode levar à revolta contra a lei existente em nome de uma justiça superior às leis humanas. Logo, convém analisar, ou seja, distinguir os dois conceitos.

A legalidade

Fala-se comumente em "respeitar a legalidade", "estar fora da legalidade". Existe uma "idade legal" para votar, e uma "cotação legal" para uma moeda.

A legalidade caracteriza o **conjunto das leis** que, em um momento e um espaço determinado, definem o que é proibido e o que é permitido. Trata-se portanto das instituições jurídicas, que variam de uma sociedade para outra (a pena de morte não existe no Brasil ou na França, mas existe em alguns estados americanos) e que evoluem no tempo (a pena de morte foi abolida na França em 1981, mas antes desta data ela era aplicada). Chama-se **direito positivo** este direito instituído, característico de um Estado particular.

A legalidade é assim o caráter daquilo que é **conforme à lei**. O julgamento põe em relação o ato particular e a lei, que é por natureza geral e impessoal, e determina se o ato se insere na alçada da lei ou não. A conformidade à lei pode ser constatada, e reside portanto em uma relação inteiramente exterior. Não interessa saber qual foi a intenção que motivou o agente; primeiro procede-se ao estabelecimento dos fatos.

A **legalidade** não indica portanto a **moralidade** da ação: podemos agir em conformidade com a lei sem que a ação tenha o menor valor moral. É o caso do comerciante citado como exemplo por Kant (*Fundamentação da metafísica dos costumes*, primeira seção): se ele não rouba seus clientes e age, assim, em conformidade com a lei, pode ser simplesmente por interesse, e não em virtude de uma intenção moral. Ele pode com efeito refletir e pensar que um roubo é, sem dúvida, imediatamente mais lucrativo, mas calcular que este ganho terá curta duração, pois os clientes que perceberem sua desonestidade não voltarão mais à sua loja. Seu interesse exige que ele não roube seus clientes: ele não age nem por dever, nem por sentimento.

> Por exemplo, é sem dúvida em conformidade com o dever que o comerciante não sobe os preços para um cliente inexperiente, e isso, aliás, é o que jamais faz, em todo grande comércio, o comerciante experiente; ele estabelece ao contrário um preço fixo, o mesmo para todos, de forma que uma criança possa comprar tão bem em sua loja quanto qualquer outra pessoa. Logo, todos são *lealmente* servidos; mas isto não é suficiente para nos convencer de que o comerciante agiu deste modo por dever e por princípios de probidade; seu interesse assim o exigia... (Kant, *Fundamentos da metafísica dos costumes*, primeira seção).

A legitimidade

Quando se fala da "legitimidade" de uma pretensão ou de uma reivindicação, da "legitimidade" do poder ou de uma causa "legítima", afirma-se a exigência de um reconhecimento que nem sempre é efetivo e levado em consideração pela lei. Mas, "legitimar" uma criança é reconhecê-la como sua diante da lei. Aqui, a legalidade é fundadora da legitimidade.

Vemos que as noções de legalidade e de legitimidade não coincidem necessariamente, e que existe uma forte tensão entre elas.

A noção de legitimidade tem um alcance mais radical e um sentido mais fundamental do que a de legalidade. A legalidade é instituída e define nitidamente as regras que devem ser respeitadas; ser legal é estar de acordo com a lei existente. A legitimidade questiona o fundamento da legalidade: a lei é justa? Devemos reconhecê-la e respeitá-la? Para os filósofos políticos, como Platão ou Rousseau, é a indignação suscitada pela injustiça sofrida que leva à rejeição da legalidade existente em nome da legitimidade de uma justiça superior. É também em nome de uma **justiça superior às leis humanas** que Antígona se insurge e desobedece à legalidade representada por Creonte, desafiando a proibição e enterrando seu irmão Polinice.

Como escreveu Paul Ricoeur, "o primeiro estágio da emergência do sentido da justiça acima da vingança coincide com o sentimento de indignação, que encontra sua expressão menos sofisticada no simples brado: é injusto!" (*O Justo*, tomo II)

A questão da legitimidade é de ordem metajurídica. Julgar a legitimidade é procurar o que fundamenta o direito racionalmente. Este é, por exemplo, o projeto de Rousseau no *Contrato social*; ele não faz uma pesquisa histórica sobre os direitos positivos que existem ou que existiram, mas se indaga sobre as condições sob as quais uma autoridade pode ser **legítima**.

Deste modo, a experiência cruel da **injustiça** e a diversidade constatada das leis humanas não podem deixar de nos questionar sobre a **justiça das leis**. Alguns dos piores regimes políticos foram legalmente estabelecidos: o regime nazista, o regime fascista, entre outros. Uma causa legítima pode não ser levada em conta pela lei. A indistinção entre legalidade e legitimidade pode resultar na adesão a toda e qualquer lei, inclusive a mais celerada. Se o tirano faz a lei, e a impõe pela violência, nem por isso ela é legítima, e aqueles que são abusivamente submetidos a ela têm o **direito de resistência**.

A autoridade política só pode ser respeitada se tiver uma legitimidade reconhecida, e esta é a condição para que ela possa exercer um poder duradouro e sólido. O reconhecimento da legitimidade do poder é a base do consentimento dos cidadãos em ser governados. No entanto, nem todo consentimento é critério de legitimidade, como mostram os exemplos dos regimes acima citados, instalados com o consentimento e a adesão dos governados.

Contra um governo ilegítimo, Rousseau reclama o direito de resistência:

> Enquanto um povo é obrigado a obedecer e obedece, ele age bem; assim que pode se livrar do jugo e o faz, ele age melhor ainda; pois, recuperando sua liberdade pelo mesmo direito que lha usurpara, ou ele tem razão em retomá-la, ou não tinham razão de tomá-la aqueles que assim o fizeram (Rousseau, *O contrato social*, livro 1, capítulo 1).

Temas

- Para que serve a filosofia?
- A experiência ensina?
- A ação é a aplicação de um conhecimento?
- O direito é obra da razão?
- A lei diz o que é justo?
- A lei é indiscutível?
- Toda lei é arbitrária?
- O direito de resistência.

**Terceira parte
A incitação da experiência**

Capítulo 7

O que é um diálogo?

1. Conversar

O diálogo é uma conversa durante a qual os interlocutores, falando um com o outro (*dialegein* em grego), trocam argumentos com vistas a chegar a um acordo fundamentado. O acordo é a condição e o fim do diálogo. Condição, porque só há diálogo se os interlocutores renunciarem à violência e se submeterem à exigência da verdade. Fim, porque o diálogo, embora nem sempre chegue a uma conclusão, pelo menos visa a uma progressão a dois. A busca conjunta da verdade pressupõe e reforça uma comunidade fundada sobre a linguagem compartilhada. O diálogo se define pela circulação da palavra (*dia-logos*).

2. A exemplaridade do diálogo platônico

Platão escreveu sua obra quase inteiramente sob a forma de diálogos que põem em cena Sócrates junto com os mais diferentes interlocutores.

Em busca da definição

O diálogo em Platão não é um simples artifício literário. Platão estabelece um elo essencial entre filosofar e dialogar. Sócrates, figura emblemática da filosofia, não ensina nada porque não tem nenhum saber para transmitir. A filosofia não é uma doutrina passível de ser objeto de uma exposição convencional. Ela é um diálogo vivo entre dois interlocutores movidos pelo desejo de saber (em grego, *philosophia* = amor à sabedoria), que decidem procurar juntos a verdade. O diálogo platônico é essa progressão a dois, através de perguntas e respostas, em direção à verdade. Durante o diálogo, Sócrates testa, submete a um questionamento as definições propostas por seu interlocutor. Ao mostrar por que elas são insuficientes, ou incompatíveis com outras que parecem mais certas, ele leva à busca de uma definição verdadeira, aquela que nos revelará a própria essência da coisa que é objeto de exame.

As regras do diálogo

O diálogo não é uma conversa à toa, espontânea e sem regras. Sua progressão obedece a regras que os dois interlocutores se comprometem a respeitar, já que elas são as condições de possibilidade do diálogo.

A primeira delas é a regra de ouro do diálogo, que Sócrates enuncia da seguinte forma:

> Não há dúvida de que o diálogo exige não apenas que se responda àquilo que é verdadeiro, mas também que se baseie a resposta naquilo que aquele que é interrogado reconhece como verdadeiro (Platão, *Mênon*, 75cd).

Deve-se também observar a regra da definição e estar de acordo quanto ao sentido preciso das palavras, sem jogar com as ambiguidades da linguagem a fim de desviar a discussão. Finalmente, deve-se reconhecer e respeitar os direitos de cada um, em particular o direito à palavra.

É por isso que o diálogo exclui o discurso longo que ofusca e faz perder de vista o objeto da discussão. O diálogo exige perguntas e respostas curtas, que são submetidas a um exame racional. Pela troca de argumentos e objeções, o diálogo permite a cada um escapar da particularidade de sua opinião e ascender ao saber. O caminho da razão é assim liberador.

O diálogo, que põe os interlocutores no mesmo plano e instaura entre eles uma comunidade de pensamento, também se distingue do debate, no qual se confrontam posições contraditórias. O orador que toma a palavra na assembleia faz precisamente um longo discurso, no qual desenvolve todos os argumentos a favor da tese que defende ou da decisão que preconiza. Não se trata, aí, de um diálogo: os oradores não discutem entre si, mas submetem cada um seus discursos ao julgamento e ao voto de seus concidadãos. O diálogo se caracteriza pela brevidade das réplicas e, como observa Sócrates no *Górgias*, não cabe se comportar nele como um político que tem de convencer um grande auditório. No diálogo, uma única pessoa tem que ser convencida: aquela que está presente à nossa frente.

O diálogo, como troca de palavras entre homens, pode, à primeira vista, parecer suscetível de se estender infinitamente e detentor de uma comunicação por princípio universal. No entanto, sem um certo fechamento, pelo qual ele ganha unidade e força, ele se perde. O diálogo só é possível para alguns interlocutores, e o aumento de seu número o torna inviável. O diálogo também se torna uma caricatura nas atuações cronometradas supostamente capazes de favorecer a troca de ideias e a discussão, mas que não passam de um cruzamento de monólogos. Só há diálogo verdadeiro quando certas regras são aplicadas.

3. Os avatares do diálogo

Para falar um com o outro, e assim se instaurar um verdadeiro diálogo, é necessário haver uma certa distância entre os interlocutores. Eles não devem ser muito próximos, porque na comunhão, na relação fusional, o interlocutor não desempenha mais o papel do outro. Não existe mais propriamente uma interlocução se ambos falarem a uma só voz. É óbvio, também, que uma distância muito grande impede igualmente que o diálogo se trave. Quando não existe uma comunidade linguística, quando não há consenso sobre o significado das palavras, e também quando não há objetivo comum, o diálogo torna-se impossível.

O diálogo impossível

No *Górgias* de Platão, Sócrates termina por se deparar com a recusa brutal de qualquer forma de diálogo por parte de Cálicles. Tudo os separa, e ele deve continuar sozinho em um longo monólogo final. No entanto, seu monólogo continua a ser um apelo ao diálogo:

> Todos nós temos o mesmo interesse em esclarecer este ponto. Então, vou expor o que penso sobre ele, e se algum de vocês julgar que admito uma proposição que não seja verdadeira, deve me

interpelar e me refutar. Porque eu mesmo não tomo o que digo como uma verdade da qual eu esteja certo: procuro junto com vocês, de modo que, se me parecer que meu adversário tem razão, serei o primeiro a entregar-lhe as armas (Platão, *Górgias*, 506a).

O simulacro de diálogo

De um modo menos evidente, o diálogo pode ser apenas uma máscara, se for apenas a oportunidade para a expressão de opiniões divergentes que, dentro de um grande espírito de abertura e de tolerância, parecem fazer-se mutuamente justiça, quando, na verdade, não ocorre nenhuma escuta verdadeira do outro. Cada um fala na sua vez, e a sucessão de monólogos não constitui um espaço comum no qual a verdade poderia se construir. Aquele que convida ao diálogo, à abertura e à compreensão recíproca é logo considerado um homem democrático. Muitas vezes, o recurso permanente ao diálogo e as invocações rituais e encantatórias ao consenso não passam de atitudes estereotipadas. Para dar uma boa imagem de si, anuncia-se um desejo de diálogo, de abertura, uma escuta, uma disponibilidade tais, que não se defende nada antes do diálogo e da discussão. Quem não toma nenhuma posição não tem como ser abordado e, como o sofista, escorrega entre os dedos. Tem-se um arremedo de diálogo que visa a satisfazer tudo menos a exigência de verdade.

"A inaptidão para o diálogo"

O diálogo também pode não acontecer em virtude do que H. G. Gadamer, em seu livro *Linguagem e verdade*, chama de "inaptidão para o diálogo". É o caso de quem não se envolve no diálogo porque lhe parece difícil, até mesmo impossível, participar desta relação com o outro. É o caso também de quem é incapaz de escutar o outro, que faz "ouvidos moucos" ou "entende mal".

> Só faz ouvidos moucos ou entende mal aquele que escuta constantemente a si mesmo, aquele cujo ouvido está de alguma forma tão cheio das boas palavras que ele dirige constantemente a si mesmo enquanto segue suas inclinações e seus interesses, que lhe é impossível escutar o outro. (...) Estar sempre pronto para o diálogo, isto é, para escutar o outro, parece-me ser a verdadeira elevação do homem à humanidade (Gadamer, *Linguagem e verdade*).[4]

4. O fundamento do diálogo

Os fracassos do diálogo que acabamos de analisar mostram até que ponto o pensamento e o diálogo são profundamente solidários. O elo afirmado por Platão entre filosofar e dialogar se baseia na definição do pensamento proposta por Sócrates em resposta à questão: "o que você chama de pensamento?":

> Um discurso que a alma mantém consigo mesma sobre os objetos que ela examina (...) isso não é outra coisa, para ela, senão dialogar, dirigir a si mesma as perguntas e as respostas, passando da afirmação à negação. Quando ela (...) se mantém constante em sua afirmação e não duvida mais, sua opinião está formada (Platão, *Teeteto*, 189e).

---

[4] Extraído de H. G. Gadamer, *Langage et vérité* (Paris, Gallimard, 1995), p. 174.

Pensar é uma atividade que supõe duas instâncias em mim. Sou capaz de pensar quando me distancio de minhas próprias representações, quando consigo encarar negativamente as ideias que tenho, quando, na dúvida (cf. capítulo 5), comprovo a separação entre mim e minhas ideias. Dizer que o pensamento é um diálogo consigo mesmo significa que faço objeções a mim mesmo, que passo de um pensamento espontâneo, presente em mim sem que eu saiba de onde ele vem (cf. capítulo 2), para um pensamento real. Filosofar é pensar; e pensar é, segundo a bela expressão de Hannah Arendt, ser "dois em um". Quando Sócrates dialoga com Mênon, ele encarna o objetor externo que procura fazer Mênon pensar, levando-o a pôr em questão suas afirmações, que são apenas o eco de sua educação. Mas Mênon só pensará verdadeiramente quando tiver interiorizado seu objetor; em vez de sofrer a refutação (cf. capítulo 8) como uma agressão vinda de fora, ele será capaz de infligi-la a si mesmo. Mas, um longo caminho filosófico ainda precisa ser percorrido, pois não nos infligimos dores de bom grado.

Para um filósofo, o diálogo é portanto decisivo. Ele combate o risco do pensamento solitário que pode se perder por falta de crítica. E que também pode se satisfazer muito rapidamente. As objeções do outro são estimulantes e exercem tanto uma função de controle quanto uma função de incentivo para o pensamento.

Pensaríamos muito e pensaríamos bem se não pensássemos, por assim dizer, em comum com os outros? (Kant, *Que significa orientar-se no pensamento?*, III).

O diálogo com o outro enriquece nosso pensamento ("muito") e o corrige ("bem").

A inspiração platônica que liga filosofia e diálogo reaparece nas filosofias contemporâneas do diálogo. Mas elas veem nele mais um processo de cooperação e de troca voltado para uma compreensão comum do que uma busca a dois voltada para a verdade. Para elas, a realização de uma intersubjetividade no e pelo diálogo passa para o primeiro plano.

> Conversar não é simplesmente se explicar uns para os outros (...) Conversar tampouco é simplesmente discorrer uns perante os outros. Na conversa, ao contrário, se constrói um aspecto comum daquilo de que se fala. O que constitui a efetividade da comunicação humana é que o diálogo não faz a opinião de um prevalecer sobre a opinião do outro, nem acrescenta, como numa soma, a opinião de um à opinião do outro, mas as transforma ambas. A comunidade que é de tal modo comum, que não é mais a minha opinião ou a sua opinião, e sim uma interpretação comum do mundo, é a única a tornar possível a solidariedade ética e social (Gadamer, *Linguagem e verdade*).[5]

Filosofar, pensar e dialogar são, então, uma só coisa.

Distinções conceituais

Diálogo e dialética

A dialética antiga sempre se refere ao método do diálogo, diferentemente das concepções modernas, que adotam uma

---
[5] Extraído de H. G. Gadamer, *Langage et vérité* (Paris, Gallimard, 1995), p. 151.

visão ternária, em que à tese e à antítese segue-se uma síntese que une as duas.

Para Platão, a dialética, que tem também um sentido lógico e metafísico, é antes de tudo a arte de discutir que o método socrático ilustra. O dialético é aquele que sabe interrogar e responder. A dialética é esse pôr à prova as teses de um interlocutor, através do diálogo que conduz seu exame racional.

Diálogo e debate

É preciso ressaltar os riscos de incompreensão ligados à projeção da supervalorização atual do diálogo e da discussão sobre a discussão socrática. O recurso mistificador à discussão e ao diálogo como panaceia para todos os males, capaz de resolver todos os conflitos, apagando-os no consenso, toma muitas vezes Sócrates como modelo. Mas isso é esquecer o essencial: para Sócrates, a discussão é um meio de combate, e o diálogo socrático é habitado pelo *âgon*, o conflito. Sócrates encarna a figura do mestre, que intimida e maltrata, sabe induzir a engano e usar a lisonja, conduz a conversa com mão de ferro e muita esperteza. Sua aparente bonomia não deve nos iludir.

A filosofia moderna do diálogo vê nele uma dimensão ética, o reconhecimento, o respeito e a abertura ao outro. Para Gadamer, ele é fundador de uma "comunidade que é de tal modo comum, que ela não é mais a minha opinião ou a sua opinião, e sim uma interpretação comum do mundo, a única a tornar possível a solidariedade ética e social" (*Linguagem e verdade*). O diálogo é confidência, confiança mútua, intimidade. Louvam-se também suas qualidades na política: o "homem de diálogo" é elogiado, a "retomada do diálogo social" é desejada. Na "democracia participativa", todos são convidados ao diálogo.

Uma outra projeção anacrônica deve ser evitada: identificar o debate político atual, como o que nos é proposto pela televisão em época de eleições, com o debate democrático antigo.

Para os gregos, o debate é o lugar de um "falar longo" e se opõe ao "falar breve" do diálogo e da discussão filosófica. É o que bem mostram os trabalhos de Nicole Loraux, em *Representações do intelectual na Grécia antiga*.[6] No debate democrático em Atenas, os oradores não discutem entre si; eles tomam a palavra sucessivamente, e é o auditório que decide através do voto. Eles desenvolvem seu pensamento com precisão num discurso longo e claramente argumentado. Aquele que fala leva tempo para expor todo o seu pensamento, sem alusões nem elipses, que falam apenas para aqueles que já sabem. Diferentemente de um discurso esotérico, o discurso longo não supõe nenhuma competência prévia, não oculta nada e cria as condições para sua compreensão por todos. Ao contrário da discussão, que muitas vezes leva o participante a responder no calor da ação, sem se dar tempo para refletir, o falar longo torna visível o pensamento e seus encadeamentos. Ele é o único meio para um saber democrático, que se dirige a todos e forma aqueles que escutam. Pois escutar não é necessariamente ser passivo, assim como falar espontaneamente não é necessariamente ser ativo. Há uma escuta ativa que é formadora, e um discurso "involuntário" que trai o sujeito que fala.

---

[6] Nicole Loraux e Carles Miralles (Orgs.), *Figures de l'intellectuel en Grèce Ancienne* (Paris, Belin, 1998).

O "falar breve" do diálogo é, ao contrário, aristocrático; ele supõe sempre um certo fechamento. Não se dialoga com muitos, e a própria forma, pela sucessão de perguntas e respostas, sem possibilidade de reversão dos papéis, é mais parecida com a prática jurídica do interrogatório do que com o diálogo tal como o entendemos. O diálogo platônico não deve ser confundido com o debate democrático, seja ele antigo ou moderno.

Temas

- Em que condições pode haver um verdadeiro diálogo?
- Alguma vez pensamos sozinhos?
- Todos os conflitos podem ser resolvidos pelo diálogo?
- Recorrer ao diálogo é renunciar à violência?
- É preciso estabelecer limites ao espírito crítico?
- A discussão só tem como objeto o acordo com o outro?

Capítulo 8

Refutação e polêmica

Em sua busca de uma definição satisfatória, Sócrates põe à prova as afirmações de seu interlocutor. Muitas vezes é levado a desqualificá-las, mostrando suas deficiências e contradições. Suas objeções, que muitas vezes tomam a forma de verdadeira refutação, são a condição de uma progressão em direção à verdade. Nem por isso elas deixam de ser frequentemente percebidas, por aqueles a quem são dirigidas, como uma verdadeira agressão, um ato de guerra. A refutação racional se transforma em polêmica feroz. A desqualificação e a destruição das ilusões e dos falsos conhecimentos não podem acontecer sem sofrimento.

1. Nem tudo é refutável

Observemos, para começar, que nem tudo se presta à refutação.

Não se refuta o vago

"Ai daquilo que é vago; é preferível o falso", escreve Claude Bernard. Com efeito, as declarações vagas não se prestam à refutação, pois só se pode refutar uma afirmação determinada. Uma afirmação vaga fica aquém da distinção entre o verdadeiro e o falso. Empregar sentenças relativistas, como "há gosto para tudo", "tudo tem um lado bom e um lado ruim", não nos expõe a fazer inimigos...

Não se refuta uma demonstração

Uma proposição demonstrada tampouco pode ser refutada (cf. capítulo 9). A necessidade interna da demonstração a fundamenta como possibilidade única. Os princípios* da demonstração, proposições básicas aceitas como pontos de partida do raciocínio, podem, sem dúvida, ser rejeitados. Mas aceitá-los significa aceitar tudo o que é deles deduzido necessariamente. Não se refuta tampouco aquilo que pode ser fundamentado objetivamente por procedimentos indiscutíveis. Nos casos em que o cálculo e a experiência podem decidir, a discussão é inútil.

Não se refuta uma filosofia

Não se pode também, a rigor, refutar uma filosofia. Cada filosofia é singular. Antes de afirmar que Hegel se opõe a Kant e o refuta, seria preciso se assegurar de que os dois filósofos levantam os mesmos problemas e usam os mesmos conceitos. O emprego dos mesmos termos não garante a identidade conceitual.

2. Refutar não é polemizar

Refutar é raciocinar

A refutação não é simplesmente uma recusa. Ao contrário da demonstração, que estabelece a verdade de uma afirmação, a refutação prova a sua falsidade. Ela pertence à ordem do raciocínio. No entanto, aqueles cujas afirmações são refutadas muitas vezes se sentem atacados pessoalmente. Antes de se entregar à refutação da definição de retórica* proposta por Górgias, o grande sofista, Sócrates se preocupa:

> Tenho medo de te refutar, temo que penses que o ardor que me anima visa, não a tornar perfeitamente claro o assunto de nossa discussão, e sim a criticar-te (Platão, *Górgias*, 457d).

O desconhecimento da natureza racional da refutação e de sua submissão à exigência de verdade acarreta sua confusão com a polêmica.

Polemizar é combater

A polêmica conserva de sua etimologia grega (*polemos* = guerra) a ideia de combate entre inimigos tendo como objetivo a vitória de um dos adversários. Ela traz o confronto para o terreno das ideias. Na polêmica, o diálogo e mesmo o debate dão lugar a um combate. À busca de um acordo dos espíritos no domínio da verdade sucede o desejo de vencer e de ter a última palavra: a razão dá lugar ao arrebatamento das paixões. No diálogo, a refutação produz uma instrução mútua. Na polêmica, tensões e conflitos se intensificam até produzir a cegueira dos dois lados. Assim que uma desavença se instala entre os interlocutores:

> Se um diz que o outro está enganado ou fala de modo confuso, eles se irritam um com o outro, e cada um acha que seu interlocutor age de má-fé, para ter a última palavra, sem procurar saber o que é essencial na discussão. Acontece mesmo, às vezes, de se separarem de maneira lamentável: injuriam-se, lançam os mesmos insultos que recebem, a tal ponto que os ouvintes lamentam terem vindo escutar semelhantes indivíduos (Platão, ibid.).

Enquanto a polêmica opõe pessoas, a refutação diz respeito a ideias. Mas, quando a pessoa se mistura com suas ideias, quando ela não é capaz de ter nenhuma distância crítica, ela só pode perceber a refutação como um questionamento pessoal.

3. Refutação sofística e refutação filosófica

É preciso distinguir a refutação filosófica de seu arremedo sofístico*. A refutação sofística não procura esclarecer, e sim armar ciladas. O jogo das perguntas e respostas tem como única finalidade reduzir o interlocutor, transformado em adversário, ao silêncio ou à contradição.

A refutação do sofista

Nos diálogos de Platão, assistimos frequentemente aos ataques que os sofistas desferem contra aqueles que têm a infelicidade de cair em suas redes. Sua técnica verbal tem a ver com a extenuação. O Eutidemo apresenta um dos melhores exemplos de seus métodos. O diálogo nos mostra como a "refutação sofística", em voga em Atenas, obedece a um código bem definido.

Na sua forma ritualizada, a refutação sofística coloca em confronto um inquirido, que sustenta uma tese, e um interrogador que procura, através de uma avalanche de perguntas, pegá-lo no erro. O inquirido tem um papel estritamente delimitado: ele não tem o direito de fazer perguntas; ele deve responder às perguntas que lhe são feitas com sim ou não; quando lhe é proposta uma alternativa, ele deve escolher um dos termos. Ele não tem o direito de discutir a pertinência da alternativa ou das perguntas formuladas. Neste tipo de refutação, a questão da verdade não é colocada. E o risco da misologia* espreita. Como manter a confiança na linguagem e na razão quando se constata um tal desaprumo de uma e de outra?

Mas pode-se aceitar cumprir o papel que Sócrates assim denuncia:

> Comportar-se como pessoas completamente incultas, como o homem que pretende ter a última palavra. Pois vê como eles se comportam em suas disputas: com o objeto preciso da argumentação eles não se preocupam em absoluto; impor suas próprias teses a seus interlocutores, eis o que desejam. Presentemente, em minha opinião, toda a diferença entre eles e mim está em que eu não me proponho de modo algum (a não ser como um suplemento natural) fazer crer àqueles que me cercam que o que digo é verdade; é para mim mesmo que desejo fazer parecer o mais verdadeiro possível aquilo que digo (Platão, *Fédon*, 91b).

A refutação do filósofo

A refutação filosófica se distingue em sua especificidade da polêmica e da refutação sofística, que são solidárias.

Como mostra Hegel, a refutação filosófica não é um aniquilamento, uma destruição; ela é negação e, dentro desta negação, ela é afirmação. O negativo é positivo na medida em que permite ir mais adiante. A verdadeira refutação é uma catarse*, uma purificação que liberta dos falsos saberes. O que dá todo sentido à advertência de Sócrates a Górgias:

> Sou alguém que fica contente ao ser refutado quando o que digo é falso, alguém que também tem prazer em refutar quando o que me dizem não é verdadeiro, mas alguém a quem não agrada menos ser refutado do que refutar. De fato, considero que há mais vantagem em ser refutado, na medida em que ver-se alguém livre do pior dos males é melhor do que livrar dele outra pessoa. Porque, a meu ver, nenhum mal é mais grave para o homem do que fazer uma falsa ideia das questões de que falamos neste momento. Portanto, se me garantires que és como eu, discutamos juntos; caso contrário, deixemos de lado a discussão e fiquemos por aqui (Platão, *Górgias*, 458a).

Se pensar é distanciar-se das próprias representações para julgá-las, é fazer a si mesmo todas as objeções possíveis, então a refutação não é outra coisa senão o próprio movimento do pensamento em ação.

Distinções conceituais

O filósofo e o sofista

Eles se parecem como "o cão e o lobo": ambos preocupados com a linguagem, eles se caracterizam, aos olhos do profano, pela arte de discutir. Sócrates muitas vezes foi visto como um sofista por seus contemporâneos, e a refutação socrática, que visa a purgar seu interlocutor de seus falsos saberes, foi confundida com a polêmica, em cuja arte os sofistas eram mestres. É verdade que todos trabalham a linguagem.

Mas suas perspectivas são totalmente diferentes. Para o filósofo, a linguagem deve ser submetida à exigência da verdade: ela é apenas a imagem turva do Ser, e é preciso remontar das palavras às coisas. Para o sofista, a linguagem é um objeto de estudo que revela seus modos de funcionamento e aponta as causas de seu poder. É a linguagem que faz ser, e, como afirma Górgias, "a palavra é um déspota todo-poderoso".

O sofista, professor itinerante que cobra por suas lições, ensina principalmente a arte da oratória: ensina a fazer planos, a defender o indefensável (Górgias é autor de um elogio de Helena) utilizando belas figuras de retórica*. A linguagem é para ele um instrumento que pode ser posto a serviço de todos os fins possíveis, morais ou não. É também uma arma de guerra para vencer o interlocutor pensado como adversário. Por isso, ele tem tudo para ter muito sucesso em um regime democrático, no qual se debate em conjunto a coisa comum e onde o poder da palavra desempenha um papel decisivo. Mas, sem a preocupação com a verdade e com a justiça, a democracia torna-se presa da demagogia e degenera em tirania.

Temas

- É preciso estabelecer limites para o espírito crítico?
- Refutar é somente recusar?
- Devemos evitar as guerras de palavras?
- A discussão só tem por objetivo o acordo com o outro?

Capítulo 9

Figuras do debate

1. A ideia de debate

A emergência do debate

Afirma-se com frequência que estamos na época dos grandes debates, apresentados como espaços de troca de visões, de diálogo e de abertura para as questões políticas, econômicas e sociais. Às vezes, os debates se referem também a problemas mais terra à terra, como comprovam alguns programas de televisão.

Mas foi desde a Antiguidade, particularmente em Atenas, que se fixaram e se organizaram as características do debate em sua relação com a democracia. A cidade antiga, a *polis*, era uma comunidade de cidadãos organizada em uma democracia direta e restrita: todos os cidadãos, e somente os cidadãos, votavam. O voto era dado no final dos debates públicos, durante os quais cada orador expunha de modo preciso sua proposta de ação e procurava convencer e persuadir o público.

O poder da palavra tornou-se reverberante, e os jovens que sonhavam em brilhar na assembleia conscientizaram-se da necessidade de aprender a falar bem. Eles fizeram a fortuna dos sofistas*, professores ambulantes que ensinavam a retórica*. Mas falar bem não é necessariamente pensar bem. Contra os sofistas, que pretendiam ensinar a levar vantagem em qualquer ocasião e com qualquer público, levantaram-se os filósofos, animados pela exigência de verdade e de justiça (cf. capítulo 6).

A escolha do debate

O recurso ao discurso é renúncia à violência

Debater não é combater. Escolher a linguagem é baixar as armas; é passar do domínio dos fatos para o do sentido. No debate, a palavra é distribuída, trocada; ela é tomada e retomada.

> A natureza da humanidade é tender ao consenso com os outros, e sua existência reside unicamente na comunidade instituída das consciências (Hegel, *Fenomenologia do espírito*, prefácio).

A escolha da linguagem é a escolha do acordo e postula uma comunidade humana para a qual o que está em jogo não é mais objeto de uma batalha, e sim de uma reflexão e de uma troca de razões. Cada um aceita a discussão e a critica. O debate é assim um teste mútuo. Ele é uma figura essencial da democracia: ela funda a sua possibilidade e é condição de sua existência; ele é condição de sua atualização e de seu exercício.

O nascimento do debate e o nascimento do *logos** são uma só coisa. Toda a história da filosofia manifesta a frequência e a fecundidade dos debates entre filósofos, às vezes separados por séculos de distância.

Mas nem todo discurso é debate

Para que um discurso seja um debate, é preciso trocar razões. Não se trata, para o interlocutor, de

> lançar-se em um longo discurso, esquivando-se dos argumentos e recusando-se a justificar-se, e perorando até que a maior parte dos ouvintes tenha provavelmente esquecido qual era o objeto da questão (Platão, *Protágoras*, 336bc).

A troca de razões ocorre na confrontação dos pontos de vista que envolvem, cada um, uma argumentação. E, como uma argumentação não é uma demonstração, ela não se impõe; ela pressupõe como possíveis e necessárias a objeção e mesmo a refutação (cf. capítulo 8). Argumentar é de saída reconhecer a legitimidade de uma outra argumentação. Quando um advogado escolhe uma linha de defesa para seu cliente, ele opta pela argumentação que lhe parece a mais forte.

O debate se distingue portanto do combate e se alimenta da troca de palavras. Contra uma palavra soberana que não tolera nenhuma réplica, contra a palavra única do totalitarismo, contra o segredo do despotismo, o debate permite elaborar e exibir uma palavra pública.

2. As diferentes formas de debate

Após esta apresentação da ideia de debate, é necessário mostrar sua diversidade. Vamos nos limitar a algumas distinções a fim de destacar a especificidade do debate filosófico. O debate científico, o debate jurídico e o debate filosófico não são simples debates de opinião e merecem ser examinados mais de perto.

O debate científico

Ele é inseparável do próprio procedimento científico, e, quando é ocultado ou suprimido, podemos esperar pelo pior. O domínio de Lysenko sobre a genética soviética é um exemplo sinistro disso. Reconhece-se a natureza científica de um debate na medida em que ele se refere a questões determinadas que podem ser decididas pela observação, pela investigação, pela experimentação e pela verificação. Se as questões forem vagas, se as afirmações estiverem aquém do refutável, podemos ficar certos de que estamos fora do campo científico. O vago não pode ser confundido com o falso. O erro supõe que já nos encontramos em uma perspectiva teórica, e as ciências progridem pela retificação dos erros.

O debate científico é construtivo e tende internamente à sua autossupressão pelo acordo dos espíritos sobre a verdade. O debate é então ultrapassado em um discurso monológico que encontra na sistematização teórica um fim provisório. Uma teoria científica totaliza o conhecimento adquirido e o apresenta expondo-o a partir de seus princípios*. Nessa exposição, o saber constituído se revela em uma ordem lógica e segundo um procedimento dogmático* que não menciona o longo caminho que foi preciso percorrer para obter as verdades afirmadas. A ordem da exposição se distingue, portanto, da ordem da descoberta, que é a ordem histórica segundo a qual o saber é lentamente elaborado; e a história de uma ciência mostra as discussões e os debates entre cientistas que permitiram a difusão e a troca, a verificação e o controle, a retificação dos erros e às vezes a destruição de teorias que não resistiram ao exame. Quando o conhecimento científico se apresenta em uma teoria física como a de Newton, por exemplo, sua solidez demonstrativa e experimental lhe permite obter a concordância de todos, ao menos até que novos conhecimentos venham retomá-la, englobando-a em uma teoria mais ampla. Ela constitui uma síntese que a torna, para a época em que foi elaborada, o que Th. Kuhn chama de uma "ciência normal" (*A estrutura das revoluções científicas*), que vai fornecer um "paradigma" à investigação científica até que uma "anomalia" irredutível force a retificar, aprofundar, ou mesmo abandonar certos conhecimentos que acreditávamos estar estabelecidos.

O debate científico desaparece, portanto, no discurso monológico da ciência constituída. Quando se ensina uma ciência, é muito raro recorrer-se à sua história, e omitem-se as discussões e os falsos problemas nos quais ela eventualmente se afundou. A pesquisa, entretanto, não está terminada, como demonstram os progressos científicos que se sucedem.

O debate jurídico

Ele é nitidamente menos definido e muito mais problemático, pois o ato do juízo tem a ver com a arte e não com a ciência. A análise feita por Kant na *Crítica da razão pura* expõe isso claramente:

> O juízo é um dom particular que não pode absolutamente ser ensinado, mas somente exercido. Ele é também a marca específica daquilo que se chama de bom-senso, e cuja falta nenhum ensinamento pode suprir; pois ainda que uma escola possa apresentar a um entendimento limitado um conjunto de regras (...), é preciso que o aluno possua por si mesmo o poder de usar essas regras corretamente, e para isso não existem regras (Kant, *Crítica da razão pura,* Analítica transcendental, introdução).

O debate jurídico que é travado em um processo supõe o reconhecimento de normas definidas: a Constituição, as leis, e as regras da jurisprudência. Mas sempre se julga um caso particular, e é impossível fazer uma aplicação mecânica da lei.

> É por isso que um médico, um juiz ou um estadista podem ter na cabeça muitas belas regras de patologia, de jurisprudência ou de política, em um grau capaz de torná-los professores dessas matérias, e no entanto se enganar facilmente na aplicação dessas regras, seja porque lhes falta o juízo natural (...) e porque, embora vejam bem o geral, *in abstracto*, são incapazes de distinguir se um caso está contido nele *in concreto*, seja porque não exercitaram suficientemente este juízo através de exemplos e questões reais (Kant, ibid.).

O juízo aparece então como um ato difícil, pois trata-se de aplicar uma regra geral a um caso particular, sem que haja uma regra de aplicação da regra. Diferentemente do campo científico, não há aqui nenhuma demonstração* que tenha o poder de impor o assentimento universal, nenhuma verificação possível pela experimentação e pela estrita repetição da experiência. Estamos no campo da argumentação, em que várias possibilidades se oferecem. Para defender um réu, várias argumentações podem ser elaboradas; há argumentações fortes e argumentações fracas.

O debate jurídico se mostra igualmente necessário fora do tribunal, no que diz respeito ao estabelecimento da própria legislação. Ou à sua retificação: pois há leis obscuras, redigidas em termos demasiado ambíguos, ou leis deficientes que, com a experiência, revelam lacunas, e que são colocadas em discussão para serem emendadas.

Assim como o debate científico, o debate jurídico, no final, deve ser conclusivo. Uma decisão deve ser tomada, e isso deve ser feito com base em critérios que descartem a suspeita de arbitrariedade. A solução adotada deve parecer aceitável, preferível, razoável e conforme ao direito. Diferentemente do debate científico, o debate jurídico não deve somente explicar, e sim justificar a decisão tomada. A relação com os valores não pode ser excluída.

O debate filosófico

O debate parece ser constitutivo da própria filosofia. Segundo uma opinião bastante difundida, as querelas, disputas e conflitos no campo da filosofia são permanentes, e os filósofos nunca estão de acordo sobre nada. A queixa é frequente entre os próprios filósofos. Assim Descartes constata:

> vendo que ela foi cultivada pelos mais excelentes espíritos desde muitos séculos (...) mesmo assim ainda não há nela coisa alguma sobre a qual não se discuta e, por conseguinte, que

não seja duvidosa (Descartes, *Discurso do método*, primeira parte).

Kant anuncia mesmo sua ambição de acabar com o problema através da "conclusão próxima de um tratado de paz perpétua em filosofia". Mas o debate não para de renascer. Ele renasce quando novos saberes são constituídos; quando os progressos de uma ciência abrem novas interrogações e desclassificam outras. Mas ele renasce também do interior da própria filosofia.

Não devemos, porém, ficar com a impressão desagradável produzida por um debate estéril de opiniões divergentes, ao fim do qual cada um vai embora convencido de uma posição que já era a sua antes de começar. As filosofias não são opiniões (cf. capítulo 2). E é uma posição radicalmente antifilosófica reduzir uma filosofia a uma opinião. O debate entre as filosofias é um debate da razão com ela mesma e não pode ser confundido com a controvérsia sem fim das opiniões particulares. Ao escrever as *Meditações metafísicas*, Descartes desperta as objeções dos filósofos e dos eruditos de sua época. Ele responde então às numerosas objeções que lhe são feitas, tornando mais preciso e profundo seu próprio pensamento.

O debate filosófico tem uma grande fecundidade; ele pode tomar a forma do diálogo, quando, por exemplo, Gadamer lê Platão; ele também pode se transformar em um ajuste de contas quando Marx e Engels escrevem *A ideologia alemã* para se desprender de sua formação hegeliana. Mas uma filosofia nunca refuta verdadeiramente uma outra, pois cada uma tem uma problemática própria e constrói seus próprios conceitos a partir das dificuldades que ela repensa começando do zero. Devemos desconfiar quando duas filosofias empregam a mesma palavra: isso não significa que elas falam da mesma coisa, pois a identidade lexical em nada garante a identidade conceitual.

Enquanto o debate científico visa a se suprimir como debate por um acordo dos espíritos obtido graças à força das provas e tende, assim, a se tornar um discurso monológico, o debate filosófico é consubstancial à filosofia. A filosofia se constitui precisamente como diálogo e dialética (cf. capítulo 7). Refutação e eliminação dos falsos saberes, questionamento e verificação dos saberes positivos, ela interroga seus limites e seus fundamentos. O debate é, neste sentido, a condição e o horizonte do pensamento filosófico.

Distinções conceituais

Demonstração e argumentação

- A **demonstração** é um raciocínio que estabelece a necessidade de um resultado, de tal sorte que ela elimina a dúvida e impõe o assentimento universal. Como a palavra demonstração indica (de-monstração), trata-se de uma exibição racional: nela, a razão apela para si mesma, sem auxílio do exterior, e ela estabelece a necessidade, ou seja, a unidade de possibilidade, do resultado. Ela é assim definida pelo filósofo e matemático Cavaillès em suas características essenciais: "unidade, progressão necessária e indefinida, fechamento sobre si mesma".
- A **argumentação** jamais se refere a questões que podem ser resolvidas por procedimentos indiscutíveis, e sim a assuntos que podem ser submetidos a uma discussão ra-

cional. Um mesmo fato pode ser colocado em perspectiva de diferentes maneiras; várias argumentações são possíveis e mesmo necessárias; uma argumentação nunca é impositiva: ela pode ser forte ou fraca conforme sua eficácia. Diferentemente da demonstração, que se dirige universalmente a todo ser racional, a argumentação deve levar em conta as características de seu auditório para ser eficaz. Por aí, vemos que ela tem ligação com a retórica*.

Persuadir e convencer

Estes dois meios de obter a concordância do interlocutor ou da audiência correspondem à distinção entre acreditar e saber. Um discurso produz um efeito sobre o ouvinte ou o leitor: pode persuadi-lo ou convencê-lo. No *Górgias*, Platão distingue claramente "a crença provida pela ciência", baseada na razão, e "a crença desprovida de ciência", sem razão. Dizemos frequentemente que é preferível agir pela persuasão do que pela força; sabemos que a eloquência persuasiva de um orador brilhante não é uma garantia da verdade de suas afirmações.

Podemos estar persuadidos da sinceridade de alguém, e descobrir que esse alguém é um escroque nojento, porque surgem fortes razões para nos convencermos disso. Um acusado pode ser investigado se um juiz reunir "elementos de convicção" contra ele. Podemos estar persuadidos erroneamente da traição de alguém, mas, se possuirmos provas, ficaremos "convencidos da traição".

- **Persuadir** é ganhar a adesão por meios **irracionais** jogando com a **sensibilidade** e a **imaginação** do interlocutor. Por exemplo, um **mito** é um discurso simbólico tem um grande poder de sugestão e exige interpretação; palavra mágico-religiosa, ele seduz o ouvinte e o leva a sonhar e a refletir. Platão recorre frequentemente a ele quando o interlocutor é incapaz de se elevar até o nível da ciência e permanece surdo à argumentação racional.

- **Convencer** é conquistar o assentimento do interlocutor por meio de **argumentos racionais**, ou melhor, por meio da **demonstração** (cf. capítulo 8). Esta última é um discurso que estabelece a necessidade de um resultado eliminando a dúvida e impondo o assentimento universal: nenhum ser racional poderá negar sua adesão a um teorema, se foi capaz de seguir, passo a passo, a demonstração.

Persuadir e convencer são portanto duas formas distintas de uma mesma vontade de obter a adesão do interlocutor. Vemos que:

- Podemos ser persuadidos, acreditar intimamente em alguma coisa, sem sermos convencidos por razões.
- Podemos ser convencidos por provas racionais, e não conseguir acreditar nelas. É o que comprova a fórmula: "Eu sei, mas ainda assim..."
- As duas formas podem ser complementares: a adesão mais forte é aquela que não convence apenas a razão, mas arrebata toda a pessoa, tocando também sua sensibilidade.

Kant distingue assim a persuasão e a convicção:

Quando (a crença) é válida para todos, ao menos enquanto todos são racionais, seu princípio é objetivamente suficiente, e a crença se denomina *convicção*. Se a crença se baseia apenas na natureza particular do sujeito, ela se chama *persuasão* (Kant, *Crítica da razão pura*).[7]

(...) a persuasão não pode, na verdade, ser distinguida subjetivamente da convicção, se o sujeito considera a crença apenas como um simples fenômeno de seu espírito; mas o teste que fazemos do entendimento dos outros dos princípios que são válidos para nós, a fim de ver se eles produzem sobre uma razão diferente exatamente o mesmo efeito que produzem sobre a nossa, é um meio que, embora sendo simplesmente subjetivo, serve não para produzir a convicção, mas para descobrir o valor particular do juízo, ou seja, aquilo que nele é apenas persuasão (Kant, ibid.).

Temas

- Debate e democracia.
- O debate é sempre democrático?
- O acordo dos espíritos.
- Discutir e negociar são a mesma coisa?
- Acreditar e saber.
- O discurso racional pode prescindir do recurso à persuasão?

---

[7] Extraído de I. Kant. *Critique de la raison pure* (Paris, Puf, 1944), p. 551-552.

**Quarta parte
A experiência do pensamento**

Capítulo 10

As máximas do senso comum

Pensar por si mesmo não é isolar-se. O trabalho do pensamento exige, como já vimos (cf. capítulos 7 e 8), o diálogo e a refutação. Ele requer o abandono do subjetivismo do ponto de vista particular para que possamos nos elevar a "um sentido comum a todos". Kant propõe, na *Crítica da faculdade do juízo*, três máximas do senso comum* que são regras para nos guiar no cumprimento desta tarefa. Ele alerta contra a ambiguidade da expressão "senso comum": ela pode significar tanto a opinião corrente mais difundida (o que não garante absolutamente sua verdade) quanto a razão, que está, como afirma Descartes no início do *Discurso do método*, "inteira em cada um de nós" e exige exercício e trabalho para ser posta em prática. Do mesmo modo Kant distingue aqui a concepção corrente que entende o senso comum como *"o vulgare* que se encontra em toda parte e cuja posse não constitui absolutamente um mérito ou privilégio" – isto é, a posse de um entendimento ainda inculto – daquilo que ele designa como "senso comum", essa finalidade a que a atividade filosófica visa quando ela busca o acordo dos espíritos.

> Sob esta expressão de *sensus communis* devemos compreender a Ideia* de um senso comum a todos, isto é, de uma faculdade de julgar, que em sua reflexão leva em consideração o modo de representação de todo homem, a fim de ligar, por assim dizer, seu juízo à razão humana em sua totalidade (Kant, *Crítica da faculdade do juízo*, § 40).

Kant entende por máxima um princípio prático subjetivo que propõe uma determinação à vontade. O valor de uma máxima é medido pela possibilidade de sua universalização, por sua capacidade de se dirigir a todo ser racional.

1. Pensar por si mesmo

A primeira máxima é a do **pensamento autônomo**. Ela afirma a necessidade da razão de nunca ser passiva. Ser o agente de seus próprios pensamentos: *Sapere aude*, ousa usar teu próprio entendimento, Kant afirma no seu opúsculo *O que é o Iluminismo?* E, para que eu possa fazê-lo, tenho de submeter ao exame da razão todo pensamento que se oferece a mim. Esta primeira máxima é a máxima do pensamento sem preconceitos (cf. capítulo 2), que é um pensamento na primeira pessoa.

Esta injunção não é nova na história da filosofia. Ela lembra a exortação de Sócrates a Mênon: não recites o ensinamento de Górgias e fala em teu nome. E como constata Descartes, que também propõe regras para conduzir o espírito:

Nós nunca nos tornaremos filósofos se tivermos lido todos os argumentos de Platão e Aristóteles, e formos incapazes de fazer um juízo seguro sobre os assuntos que nos são propostos (Descartes, *Regras para a direção do espírito*, Regra III).

2. Pensar colocando-se no lugar do outro

A **segunda máxima** afirma a necessidade de substituir um ponto de vista pessoal, por definição limitado, "estreito de espírito", por uma abertura a todos os pontos de vista possíveis. Esta é a máxima do **pensamento ampliado**:

> O que mostra um homem de *espírito aberto* é poder se elevar acima das condições subjetivas do juízo, nas quais muitos outros se agarram, e poder refletir sobre seu próprio juízo a partir de um *ponto de vista universal* (que ele só pode determinar colocando-se no ponto de vista do outro).

Elevar-se a um tal ponto de vista exige a capacidade de distanciar-se dos vínculos identitários particulares. Pensar em conjunto com outras pessoas permite alcançar esta objetividade essencial ao conhecimento, ultrapassando a parcialidade das opiniões pessoais.

3. Pensar de acordo consigo mesmo

A **terceira máxima** afirma a necessidade de **ser consequente**. Ela é a mais difícil de aplicar, observa Kant. Pois, se a primeira máxima é a do entendimento e a segunda, a da faculdade do juízo, a terceira é a da razão e só pode ser posta em prática "ligando-se as duas primeiras máximas e após se ter adquirido um domínio tornado perfeito pelo exercício repetido".

Vemos assim quais são as exigências do pensamento filosófico:

- O pensamento deve ser ativo e não se contentar em repetir o que se adquiriu por "ouvir dizer". Nada pode fazer economizar o trabalho do pensamento.
- O pensamento deve se elevar à universalidade ultrapassando a subjetividade particular. Esta deve integrar o ponto de vista do outro, de todos os outros.
- O pensamento deve ser consequente. Ele deve dar conta dele mesmo: explicar, justificar, fundamentar.

Distinções conceituais

Explicar e compreender

Explicar

Quando explicamos a alguém o fundamento de nosso pensamento, ou quando explicamos nossas intenções, mostramos claramente aquilo que não é diretamente acessível. Enquanto a explicação não é dada, o outro só pode calcular, conjecturar, fazer hipóteses sobre o sentido daquilo que ele vê.

Não podemos explicar um acontecimento quando ele nos é ininteligível porque ignoramos como ele se produziu. Uma vez que conhecemos suas causas, nos dizemos: "está explicado!".

Explicar a regra do jogo a alguém é torná-lo capaz de participar da partida, é tornar possível sua integração na comunidade dos jogadores.

Explicar (do latim *explicare*, lembrando que *plicare* significa fazer pregas, dobrar) é desdobrar. Explicar um texto é desfazer suas dobras, expor o que ele contém libertando o que está implícito, como ao abrir um leque para mostrar o desenho. A explicação é explicitação. Explicar uma palavra desconhecida é traduzi-la em outras palavras cujo sentido é conhecido para torná-la inteligível. Explicar um fenômeno é torná-lo inteligível através do conhecimento de suas causas. Explicar é, portanto, dar conta através de procedimentos analíticos e discursivos.

Compreender

Podemos não compreender nada, procurar compreender, compreender por meias-palavras, compreender tudo. Há, portanto, graus de compreensão, e quando ela se realiza, é porque "compreendemos o porquê e o como", isto é, entendemos o todo.

Compreender o gracejo é não ficar na sua aparente agressividade; e dizer que a península Ibérica compreende a Espanha é dizer que esta última faz parte de um todo que a engloba.

Compreender (do latim *comprehensio*, ação de "prender com") supõe uma apreensão global, intuitiva e sintética. Compreendemos quando somos capazes de encarar uma totalidade e captar-lhe o sentido. Por esta razão Descartes afirma que não poderíamos compreender Deus, que é infinito: não podemos "abraçá-lo", mas apenas "tocá-lo", porque o infinito não pode, sem contradição, ser encerrado dentro de limites.

Explicar e/ou compreender

Enquanto a explicação supõe um distanciamento do objeto, a compreensão é o ato pelo qual deciframos o significado do mundo que nos cerca. Como afirma Hannah Arendt, "compreender é uma atividade sem fim pela qual nos ajustamos ao real, nos reconciliamos com ele e nos esforçamos para estar em concordância com o mundo." Estes dois procedimentos foram apresentados como **distintos** pelo filósofo alemão Dilthey: a explicação se liga às ciências da natureza, enquanto a compreensão é específica das "ciências do espírito", isto é, das ciências do homem. Enquanto as ciências da natureza praticam a explicação dos fenômenos através do raciocínio causal, temos de apreender o sentido das realidades humanas pela compreensão.

Podemos saber explicar os efeitos por suas causas sem apreender o seu sentido. Por exemplo, a física explica os fenômenos por leis matemáticas: ela pode dizer exatamente em quanto aumenta a pressão de um gás quando se diminui seu volume (Lei de Mariotte); mas ela nunca se pronuncia sobre o sentido do fenômeno. A física responde à pergunta "Como?" e não à do "Por quê?"; inversamente, eu posso dar um sentido à vida sem ser capaz de dar uma explicação dela baseada na razão.

A distinção entre a explicação e a compreensão não é exclusiva de sua **complementaridade** possível. Um organismo vivo está submetido às leis da mecânica e pode ser explicado deste modo, mas ao mesmo tempo pode ser objeto de uma compreensão do *sentido* dos fenômenos biológicos em relação à questão da finalidade. Um corpo, vivo ou não, cai conforme a lei da gravidade, mas essa lei não basta para compreender por que um homem cai em combate. A ciência física calcula e prevê, mas não fornece nenhuma indicação sobre o sentido dos fenômenos. Deste modo, Husserl afirma a necessidade de uma explicação racional do mundo, de que a ciência nos oferece o modelo mais bem-sucedido, mas ressalta que, se a ciência é necessária, ela não é suficiente. Pois "a ciência é um valor entre outros, cuja legitimidade é igual", e ela não responde à questão do sentido de nossas condutas, do sentido da vida, que permanece uma questão essencial para todos.

> A profundidade é o sintoma de um caos que a verdadeira ciência quer transformar em um cosmos, em uma ordem analisada, simples, absolutamente clara. A verdadeira ciência, por mais longe que se estenda sua doutrina efetiva, ignora a profundidade. Cada parte de ciência concluída forma um conjunto de etapas intelectuais, em que cada uma é imediatamente inteligível, portanto, em nada profunda. A profundidade é uma questão de sabedoria, a inteligibilidade e a clareza conceitual são uma questão de teoria rigorosa (Husserl, *A filosofia como ciência de rigor*).[8]

Temas

- Pensar por si mesmo é isolar-se?
- É fácil ou mesmo possível pensar por si mesmo?
- A liberdade de pensar pode prescindir da liberdade de expressão?
- A unanimidade é critério de verdade?
- A ciência permite compreender o curso do mundo?

---

[8] Extraído de E. Husserl, *La philosophie comme science rigoureuse*, trad. Marc-B. De Launay (Paris, Puf, 1989), p. 83.

Capítulo 11

Aprender a pensar

1. Aprender filosofia?

A análise das máximas do senso comum* mostra bem que não podemos propriamente aprender filosofia. Ela não constitui uma doutrina ou um saber que poderíamos aprender como aprendemos o nome dos afluentes de um rio ou a cronologia e os nomes dos reis de um determinado país. Os conhecimentos são sem dúvida alguma necessários, mas não são suficientes para fazer de alguém um filósofo.

O que é um filósofo?

> De modo geral, ninguém pode se intitular filósofo se não puder filosofar. Mas só se aprende a filosofar pelo exercício e pelo uso que se faz da própria razão (...). O verdadeiro filósofo deve, portanto, fazer um uso livre e pessoal de sua razão, e não imitar servilmente (Kant, *Lógica*).[9]

---

[9] Extraído de I. Kant, *Logique* (Paris, Vrin, 1970), p. 26-27.

Poderemos em certo sentido aprender filosofia se entendermos por isso conhecer as proposições da *Ética* de Spinoza ou o conteúdo do *Contrato social* de Rousseau. Mas nem por isso seremos filósofos: a primeira máxima do senso comum manda que pensemos por nós mesmos.

Conhecimento histórico e conhecimento racional

Kant introduz, na *Crítica da razão pura*, uma distinção capital para compreender o que é filosofar. Ele distingue primeiramente os conhecimentos por sua origem objetiva e sua origem subjetiva:

- Se um conhecimento tem uma origem objetiva, ele provém ou da experiência ou da razão e é, então, ou empírico ou racional.
- Ele examina em seguida a origem subjetiva, ou seja, a maneira pela qual um conhecimento pode ser adquirido pelo homem, e distingue entre conhecimento racional e conhecimento simplesmente histórico.

O conhecimento histórico

Um conhecimento histórico é um *cognitio ex-datis*: ele é aprendido de dados exteriores, a experiência ou a tradição.

Assim, aquele que aprendeu especialmente um sistema de filosofia, o sistema de Wolf, por exemplo, (...) possui contudo subjetivamente apenas um conhecimento histórico do sistema de Wolf; ele só sabe e só julga a partir do que lhe foi dado (Kant, *Crítica da razão pura,* Cânone da razão pura).

Ele só conhece por uma razão alheia.

O conhecimento racional

Um conhecimento racional é um *cognitio ex-principiis*: ele tem sua fonte nos princípios da razão, e não em um dado exterior. Um conhecimento objetivamente racional, como uma filosofia, pode ser apenas subjetivamente histórico:

> como é o caso entre a maioria dos estudantes e entre todos aqueles que nunca enxergam mais longe que a escola e continuam estudantes o resto de suas vidas.

Se quisermos aprender a filosofar, não basta então ler e ter um conhecimento exterior das obras filosóficas.

> Aquele que quer aprender a filosofar deve, ao contrário, considerar todos os sistemas de filosofia unicamente como uma *história do uso da razão* e como objetos de exercício de seu talento filosófico (Kant, *Lógica*, introdução, III).

Kant indica aqui toda a diferença que existe entre uma informação recebida de fora e que continua exterior para nós, e um saber verdadeiro que supõe uma verdadeira apropriação e interiorização pessoais. Ser informado do conteúdo do *Contrato social* não é comparável à formação que extraíram de sua leitura Robespierre e Saint-Just, e à ação política que eles realizaram fundando a República. Ouvimos ou lemos todos os dias coisas que na maioria das vezes esquecemos muito rapidamente, enquanto a leitura de certos livros ou o espetáculo de certos filmes nos transformam profundamente.

2. Ler os filósofos?

Se o filósofo se define como aquele que pensa por si mesmo, o que fazer com as obras filosóficas da tradição? Elas são instrumentos ou obstáculos? São meios de exercitar nossa própria razão ou entraves, na medida em que são modelos que nos fecham em uma atitude receptiva e imitadora?

Ler os filósofos?

A leitura, segundo Descartes, é uma conversa com os melhores espíritos de épocas passadas.

> É preciso ler as obras dos antigos, porque para nós é de um imenso proveito poder tirar partido de um tão grande número de pessoas: tanto para conhecermos o que já se descobriu de verdadeiro naqueles tempos, quanto para nos informarmos sobre os problemas que faltam ser resolvidos em todas as disciplinas (Descartes, *Regras para a direção do espírito*, Regra III).

Mas, após esta deferência à tradição, Descartes se mostra mais reservado. Se é preciso ler, é preciso também, em um certo momento, se desprender das leituras para assumir o próprio pensamento, para finalmente pensar por si mesmo.

Os impasses da leitura

Pois ler é abrir-se à palavra do outro, tornar-se receptivo e, portanto, colocar também, de uma certa maneira, a própria razão sob tutela. Corremos então o risco de receber como verdadeiro um certo número de afirmações falsas. A frequentação muito assídua aos livros produz hábitos mentais que nos levam a tomar as opiniões dos autores como critério de verdade.

A desconfiança é portanto necessária, porque a leitura dos autores gera a incerteza e pode ser estéril.

Os autores são "incertos"

A leitura dos autores nos mergulha em uma incerteza que leva ao ceticismo*.

> Platão diz uma coisa, Aristóteles outra, Epicuro outra (...) todos os inovadores dizem cada um uma coisa diferente dos outros. Quem desses personagens ensina verdadeiramente, não digo para mim, mas para um estudante qualquer de filosofia? (Descartes, *Carta para Beeckman*, 17 de outubro de 1630).

Os autores são inúteis

Mesmo se todos os autores chegassem a um consenso sobre a verdade, a leitura deles não bastaria para fazer de nós filósofos, mas somente "macacos e papagaios". Para aquele que tem o projeto de se tornar filósofo, a leitura dos autores se mostra estéril e mesmo nefasta, se ele não ultrapassa este estágio. Ela acaba por ofuscar a luz natural* "que sufocamos em nós ao lermos e escutarmos, todos os dias, tantos erros".

Finalmente, é mais fácil construir tudo por si mesmo do que tentar fazer uma seleção. Descartes não renuncia necessariamente a ler, mas não acredita que a leitura seja o bom método para atingir a verdade. A erudição exige tempo, sobrecarrega a memória e paralisa a razão.

Quanto menos enchermos nossa memória, mais apto ficará nosso espírito para aumentar sua ciência (Descartes, *Carta para Hogelande*, 8 de fevereiro de 1640).

História e ciência

Na mesma carta, Descartes é levado a esclarecer uma oposição que subentende e explica todas as suas reticências a respeito da leitura dos autores.

> Entendo por história tudo o que já foi descoberto e está nos livros. Mas, por ciência, entendo a habilidade para resolver todas as questões, e para descobrir por sua própria indústria tudo o que o espírito humano pode encontrar nesta ciência, e aquele que possui a ciência não espera grande coisa do outro.

A história oferece apenas opiniões díspares adquiridas sem o auxílio da razão. Ela apresenta os pensamentos como fatos, e os fatos não são razões. Podemos aprender "todos os raciocínios de Platão e de Aristóteles" (cf. capítulo 3); nem por isso seremos filósofos.

Devemos então deixar de lado os autores?

Diante disso, devemos então fazer tábula rasa do passado e renunciar à leitura? Descartes escreveu uma obra na qual debateu com a tradição filosófica, e nela pediu a seus contemporâneos que lhe fizessem objeções às quais ele respondeu. Ele submeteu os textos que leu ao exame racional e não esperava outra coisa de seus leitores.

Peço aos leitores que não acreditem absolutamente em tudo o que encontrarão escrito aqui, mas somente que o analisem e só aceitem aquilo de que a força e a evidência da razão possam persuadi-los (Descartes, *Os princípios da filosofia*, IV, art. 207).

O princípio de autoridade cede lugar à autoridade da razão (cf. capítulo 3). Somente esta inversão torna necessário e legítimo o recurso às obras da tradição filosófica. Retomar de maneira crítica uma tradição não é segui-la cegamente. É torná-la sua e, ao se apropriar dela, fazê-la viver.

É ridículo e impertinente se divertir (...) em distinguir, na posse das ciências, o que é seu e o que não é, como se se tratasse da posse de uma terra, ou de alguma soma de dinheiro. Se você sabe alguma coisa, ela lhe pertence completamente, mesmo que você a tenha aprendido com outro (Descartes, *Carta para Beeckman*, 17 de outubro de 1630).

3. Tradição e liberdade

Como então aprender a pensar?

Aprender filosofia?

Mas onde encontrá-la, já que, como diz Kant, ela ainda não existe, e, mesmo se existisse, isso não bastaria, pois ao aprendê-la não extrairíamos dela mais que um conhecimento subjetivamente histórico?

Conhecer os filósofos?

Mesmo que tivéssemos lido todos os filósofos, diz Descartes, isso tampouco bastaria para fazer de nós filósofos, porque sobrecarregar a memória não ajuda, e sim contradiz o livre exercício da razão.

As máximas do senso comum afirmam a necessidade de pensar por si mesmo, mas como adquirir os meios de fazê-lo?

É verdade que se as obras da tradição filosófica estão congeladas em dogmas intangíveis e pesam sobre seus leitores como uma chapa de chumbo, elas não podem nos ajudar em nada.

Pensando os grandes pensamentos

No entanto, como aprender a pensar a partir de nada? Como aprender a pensar a não ser, primeiro, pensando os grandes pensamentos, tornando-os nossos através de um trabalho autêntico que nada tenha a ver com a receptividade da esponja?

Nos diversos *Discursos* e *Relatórios* que escreveu como professor de filosofia, Hegel ressalta nitidamente este problema. Os textos legados pela tradição constituem um tesouro de pensamentos.

> [Esses pensamentos] são o resultado produzido pelo trabalho dos gênios pensantes de todos os tempos; esses pensamentos verdadeiros suplantam aquilo que, com seu pensamento, um jovem não cultivado consegue produzir, mesmo porque essa massa de trabalho genial ultrapassa o esforço de um tal jovem. A representação original, própria, que a juventude tem dos objetos essenciais, de um lado, é ainda completamente

indigente e vazia, e de outro, em sua maior parte, é apenas opinião, ilusão, meio-pensamento, pensamento imperfeito e indeterminado. Graças ao aprendizado, a verdade vem ocupar esse pensamento que se ilude (Hegel, *Relatório para Niethammer*, 23 de outubro de 1812).

Ler e compreender a demonstração do teorema de Pitágoras nada mais é do que pensá-lo por si mesmo e reter por si mesmo sua verdade. Ler e compreender Kant ou Descartes nada mais é do que pensar com e em Kant ou Descartes. Seus pensamentos não são, como diz Hegel, atirados em nós "como pedras".
Aprendemos a pensar filosoficamente pensando filosoficamente. Aprender verdadeiramente um pensamento significa pensar esse pensamento. Caso contrário, ele é apenas uma pedra atirada e terá o destino de um corpo estranho: será expulso na primeira oportunidade.
A tradição filosófica não é redutível àquilo que se impõe pelo peso do costume e reclama uma obediência cega, que é o contrário da razão e da liberdade. A autoridade pode acarretar a submissão e a renúncia à razão, mas ela pode também encontrar sua legitimidade no reconhecimento de seu valor através de um ato de liberdade e de razão. Neste último sentido, podemos dizer que a tradição filosófica nos fala, que ela nos dirige a palavra e que cabe a nós compreendê-la, restabelecê-la e lhe dar vida prolongando-a ou discutindo-a.

Distinções conceituais

Ordem de descoberta e ordem de exposição

- **A ordem de descoberta é uma ordem histórica**: ela apresenta os conhecimentos sucessivamente, segundo a ordem de aparição no tempo. Por exemplo, é a ordem segundo a qual enumeramos, em função de sua data de obtenção, as diferentes etapas de uma ciência em **via de constituição**.
- **A ordem de exposição é uma ordem lógica** que parte dos princípios e dos elementos para extrair deles, de maneira dedutiva, o conhecimento que ela permite apresentar como um sistema*. Por exemplo, uma teoria científica apresenta assim uma **ciência constituída**: ela é uma totalização, em um determinado momento da história de uma ciência, das aquisições desta ciência apresentadas racionalmente. Por exemplo, a geometria, nos *Elementos* de Euclides, que a expõem a partir de seus princípios (definições, axiomas e postulados) e demonstram a partir deles os teoremas encontrados anteriormente por Tales, Pitágoras etc. Ela sintetiza a ciência geométrica em um determinado momento.

Vemos que o que vem primeiro historicamente não é necessariamente o mais fundamental. A teoria pode se basear em elementos que só foram identificados tardiamente. Da mesma forma, quando fazemos uma exposição, não começamos por aquilo que pensamos em primeiro lugar ao fazer a pesquisa, e quando fazemos uma dissertação, podemos usar no final elementos que foram rapidamente encontrados.

Temas

- A tradição é um obstáculo à liberdade?
- Por que ler?
- Por que ler os antigos?
- Fazer tábula rasa do passado?
- A cultura faz de todo homem um herdeiro?
- Alguma vez pensamos sozinhos?

Capítulo 12

O sentido do problema

1. A abordagem problemática na filosofia

A abordagem problemática

A atividade filosófica se distingue pela abordagem problemática que constitui sua especificidade. Se a leitura dos filósofos nos ensina alguma coisa, não é porque eles nos transmitem um saber – eles também fazem isto, mas não é o essencial. O essencial está na abordagem problemática que eles utilizam, cada um de maneira singular. E não é a recepção, mas a atividade de pensamento que o próprio leitor empreende em seu movimento de apropriação dos textos filosóficos que é filosófica.

A leitura problematizante

O pensamento filosófico se alimenta da leitura das obras da tradição e da modernidade filosóficas. Isto acontece, como vimos (cf. capítulo 11), não por curiosidade histórica e por preocupação com a erudição, mas porque as obras nos ajudam a pensar o real.

Ler filosoficamente uma obra supõe duas preocupações conjuntas: saber o que o texto problematiza e como ele problematiza, saber como o texto pode ser ele mesmo problematizado em sua leitura. Pois não se deve tomar o texto como algo que bastaria ler: uma leitura filosófica é uma leitura problematizante.

O texto filosófico problematiza

Um texto filosófico visa o verdadeiro, e em sua busca ele interroga, duvida, hesita, examina, em resumo, ele pensa. Pois "a inquietude é a vida do espírito", como diz Hegel. Neste sentido, o texto filosófico é mais um problema do que um texto. Ele desaparece como texto diante do objeto ao qual ele conduz. Ele se empenha em se perguntar sobre a própria coisa. É por isso que não se trata de buscar seu sentido nas condições históricas em que ele foi produzido; é por isso que se trata de suspender a interpretação histórica, filológica ou linguística, pois a atenção às particularidades do texto tende a ocultar a interrogação sobre a sua verdade.

Um texto filosófico visa o verdadeiro, mas não o verdadeiro no sentido em que a ciência o entende. A verdade visada não é a da exatidão científica, da univocidade rigorosa obtida ao fim de uma depuração lógica da ambiguidade. O rigor filosófico não elimina a ambiguidade, a multiplicidade de níveis de sentido: ele os supõe. É isto que distingue um problema filosófico de um problema científico, um conceito filosófico de um conceito científico, o rigor filosófico do rigor científico (cf. capítulo 15). Se o texto filosófico é, deste modo, múltiplo de sentidos e problemático, sua leitura só pode ser problematizante.

A própria leitura deve problematizar

"Nunca houve um leitor que, tendo o texto sob os olhos, se tenha limitado a ler o que está nele", sublinha corretamente H. G. Gadamer. Compreender um texto é interpretar, problematizar. E o leitor não pode deixar de partir de uma pré-compreensão ligada à sua condição histórica, aos seus preconceitos e à sua cultura (cf. capítulo 2). É absurdo e impossível tentar evitar isso. Mas como ele poderá evitar o enclausuramento em suas próprias preconcepções? Como fazer para colocá-las ao mesmo tempo em jogo e à prova? Como levar o texto a falar? Ler é interrogar o texto, sem o que ele se torna ilegível. Esta é a razão pela qual o texto filosófico aparece para muitos como um texto que não tem nada a lhes dizer, escrito em uma língua de algum modo estrangeira. Um texto só responde às perguntas que lhe fizermos. Precisamos aprender a interrogar o texto, a pô-lo à prova, pondo à prova nossas próprias preconcepções. Não acreditar na palavra dele e praticar a suspeita, abrindo-nos ao mesmo tempo para a sua alteridade, deixando-nos dizer alguma coisa por meio dele.

A obra, figura da problematização

Uma obra filosófica é assim uma figura que tem um poder formador. Cada obra filosófica é uma figura da problematização, isto é, uma maneira que o pensamento tem de se assumir como questão, maneira singular, porém capaz de afirmar sua necessidade própria e seu interesse universal.

Ela só é um meio para a reflexão sob a condição de ser ao mesmo tempo apreendida como obra de pensamento, como fim em si. Em compensação, ela não poderá nunca ser alçada a essa posição de fim em si se for abordada apenas enquanto fato intelectual ou cultural. A decisão de lê-la e de estudá-la não é, portanto, independente dos interesses filosóficos que orientam o leitor.

2. Problematização, problema, problemática

Podemos distinguir diferentes fases da abordagem problemática: a problematização, o problema e a problemática.

A problematização

A problematização é o movimento pelo qual a questão aberta é elaborada e transformada em problema. A análise da questão e a explicitação de seus pressupostos alimentam e tornam possível a progressão da problematização. A problematização é a própria atividade do pensamento em ação, e essa ação, ou esse trabalho do pensamento se exerce na reapropriação do trabalho dos autores através da leitura e do estudo filosófico de seus textos.

O aprendizado da problematização pode lucrar com a leitura crítica de alguns prólogos dos diálogos de Platão. No Mênon, por exemplo, Sócrates submete à crítica as afirmações que Mênon profere com segurança. Mênon não duvida nem um segundo da verdade de suas opiniões. Sócrates se apresenta como um objetor externo e procura abalar suas certezas. Assim, Sócrates tenta levar seu interlocutor a interiorizar em seu pensamento o ponto de vista do outro (cf. capítulo 7); faz com que se passe de uma situação de confronto de opiniões para uma situação em que um único e mesmo pensamento pense a contradição. O exemplo socrático nada mais é do que a problematização no exercício filosófico. A problematização é esse movimento de interiorização da contradição que leva à elaboração e à construção do problema.

O problema

O problema (do grego *problema* = o que é posto diante de) é o obstáculo que se ergue diante de nós. Em sentido mais amplo, é uma dificuldade para a qual, à primeira vista, não enxergamos nenhuma solução. Num sentido mais preciso, é um termo emprestado das ciências exatas, que designa assim uma dificuldade determinada. Na Antiguidade, a palavra era empregada num sentido técnico, que ela conserva até hoje, por oposição ao teorema. O problema expõe o que a demonstração se propõe estabelecer, enquanto o teorema é aquilo que é estabelecido pela demonstração. É por isso que Aristóteles chama o problema de "prólogo" da demonstração. Em Euclides, o problema procura construir uma grandeza em suas relações com outras, e sua resolução nos faz assistir à gênese dessa grandeza. Trata-se, portanto, de uma questão limitada, definida, que se inscreve em uma ciência preexistente – neste caso, a geometria –, que fornece meios para a sua solução.

Nos *Tópicos*, Aristóteles introduz a noção de problema a propósito da arte da discussão. Ele o opõe à definição que afirma uma tese, na medida em que o problema considera igualmente possível o contrário da tese proposta. O problema abre a possibilidade da escolha entre a afirmação e a negação da mesma tese e exige o exame dos argumentos a favor e contra a tese. Ele tem a ver com a dialética*. Na tomada de consciência de uma alternativa possível e na interiorização dessa oposição, o espírito se opõe a si mesmo. A problematização das afirmações espontâneas marca, neste sentido, o despertar do pensamento filosófico.

O significado da palavra problema acabou por se diluir porque tendemos a chamar assim qualquer dificuldade. Mas, filosoficamente, um problema se distingue de uma simples questão, na medida em que enuncia claramente, a respeito de um determinado assunto, proposições definidas. Ele não se limita a perguntar, ele determina a pergunta. Neste sentido, podemos dizer que Sócrates faz perguntas a seu interlocutor, enquanto o problema requer o exame de uma alternativa e exige uma demonstração ou, pelo menos, um tratamento racional. O problema filosófico torna precisa a pergunta filosófica, determinando-a.

Vejamos, por exemplo, as três perguntas por meio das quais Kant expõe os "interesses da razão":
1. O que posso saber?
2. O que devo fazer?
3. O que me é permitido esperar?

A cada uma dessas perguntas correspondem respectivamente a *Crítica da razão pura*, a *Crítica da razão prática* e a *Crítica da faculdade do juízo*. Elas abrem um campo imenso de investigação e sua leitura não nos dá nenhuma indicação prévia sobre a natureza das dificuldades que cada uma das três *Críticas* vai enfrentar. Caberá a cada obra transformar a questão em problema, o que é a condição de possibilidade de uma resposta sob a forma de solução. Por exemplo: "O que posso saber?", que coloca a questão dos limites do poder de conhecer do homem, torna-se um problema desde o momento em que nos perguntamos se esse poder de conhecer tem como limite o campo da experiência, ou se ele pode se libertar desse limite para alcançar um conhecimento da totalidade do universo.

Um problema é portanto determinado ao final de uma elucidação e de uma elaboração que permitem confrontar e discutir as diversas soluções possíveis. Um problema é portanto construído, e envolve a discussão de um juízo, logo, o questionamento de dois termos, um em relação ao outro (Aristóteles, *Tópicos*, I, 11). O problema é construído através da afirmação de teses, logo, de respostas que são problemáticas, na medida em que vão contra o senso comum ou contra outras teses.

O problema, portanto, não consiste apenas, como indica a etimologia, em um obstáculo que se ergue à nossa frente. Não podemos considerá-lo em separado do procedimento da problematização no qual ele se inscreve. Ele é um momento de um pensamento que tem lugar dentro de uma problemática.

A problemática

A problemática é o desenvolvimento do problema sob forma analítica, e ela explicita os caminhos de solução possíveis a fim de permitir sua análise ordenada. Esta é a função que é desempenhada pela introdução de uma dissertação. A problemática mostra que a verdade não poderia consistir em uma única proposição que seria um resultado fixo, e seu procedimento se opõe radicalmente a uma maneira dogmática de pensar.

3. Procedimentos exemplares

Indicaremos, para finalizar, dois procedimentos de problematização exemplares. O primeiro mostra a necessidade de um questionamento da questão e da expitação de seus pressupostos. O segundo mostra como um filósofo se apropria de uma questão, construindo a partir dela seu próprio problema.

A procura e o exame dos pressupostos: Platão

Como indicamos acima (cf. capítulo 7), os prólogos dos diálogos de Platão fornecem exemplos notáveis de problematização a partir das questões mais diversas. *Mênon* servirá aqui de exemplo. O início do diálogo nos apresenta Mênon, discípulo do sofista Górgias, que sem preâmbulos ataca Sócrates com uma rajada de perguntas que podem ser facilmente reduzidas a uma única: a virtude pode ser ensinada, ou não?

Sócrates logo reconhece aí uma questão tipicamente sofística e mostra a Mênon que não poderíamos responder a essa pergunta inicial sem antes responder à pergunta preliminar: o que é a virtude? Como conhecer a qualidade de uma coisa se ignoramos sua natureza? O diálogo vai assim ser travado pelo questionamento da questão, isto é, pelo exame dos pressupostos. A pergunta inicial não pode obter uma resposta imediata: precisamos fazer um desvio e tratar de uma questão preliminar para termos condições de poder tratar da primeira. Assim, um tema de dissertação é uma **questão inicial** que exige o exame de **preliminares** ou de seus **pressupostos** para ser tratado.

A construção do problema: Rousseau

O *Discurso sobre a origem e os fundamentos da desigualdade entre os homens* de Rousseau fornece um belo exemplo de construção de problema a partir de uma questão dada. Rousseau propõe-se responder à pergunta do concurso da Academia de Dijon, mas se apropria dela de tal modo que modifica seu significado. A questão é "Qual é a origem da desigualdade entre os homens, e seria ela autorizada pela lei natural?" Colocado diante desse tema de dissertação, uma questão cujos termos ele não escolheu, Rousseau começa por criticar a questão; destaca a ambiguidade da noção de "lei natural" (poder do mais forte? lei da natureza, universal e necessária como as que a física estuda? direito sagrado?), mostra a carga ideológica do tema e começa a reformulá-lo a partir do zero. A questão que lhe é proposta torna-se o problema que ele propõe. Com a questão inicial assim remodelada, Rousseau torna-se dono do assunto e pode construir sua própria problemática. Uma questão proposta de fora e cujos termos ele não escolheu torna-se, assim, *seu* problema.

Distinções conceituais

Problema matemático e problema filosófico

O enunciado do problema matemático

A noção de problema era empregada, na matemática, em um sentido técnico que ela conserva até hoje, por oposição ao teorema.

Um problema matemático assume a forma de um enunciado; este último deve preencher um certo número de requisitos, para começar, o de ser perfeitamente explícito. Só importa o que é efetivamente enunciado com o auxílio de uma língua unívoca e convencional; se a língua vernacular continuar a ser empregada, deverá sê-lo de maneira controlada e limitada, somente onde não puder ser dispensada. A linguagem científica utiliza termos cuja característica é, por definição, serem determinados, circunscritos. Se o problema for bem formulado, não requer nenhuma interpretação e contém em si mesmo os meios para a sua solução.

A formulação do problema filosófico

Podemos avaliar toda a distância que separa um enunciado deste tipo de uma questão filosófica. Esta última pode apresentar a forma exterior do enunciado, mas não requer, de modo algum, o mesmo tratamento. A questão é filosófica no sentido de que ela exige reflexão, abre um horizonte infinito. Ela não é dada, mas exige um trabalho de elucidação crítica que suspende o movimento da resposta. Para ela, a ambiguidade das palavras não é um defeito do qual deveríamos nos livrar, mas a condição do trabalho filosófico. A língua corrente é múltipla de sentidos, logo de pensamento. Mas, enquanto o poeta joga com essa ambiguidade, conservando-a inteira, o trabalho filosófico problematiza na medida em que ele trabalha essa ambiguidade, a analisa e a utiliza como trampolim para o pensamento. Muitas vezes somos aconselhados a evitar a ambiguidade, mas, em filosofia, "talvez seja mais urgente procurar as razões da ambiguidade para compreender sua vitalidade renovada e tirar daí uma lição, mais que um conselho" (Canguilhem, *O conhecimento da vida*).

Aqui também podemos recorrer ao *Mênon*, que nos mostra claramente a distinção entre o problema matemático e o questionamento filosófico. Quando a tentativa de responder à pergunta sobre a essência da virtude fracassa pela terceira vez, e Mênon, desgostoso, pensa em se entregar a uma verdadeira deserção dialética, Sócrates recorre à geometria e propõe, diante de Mênon, o problema geométrico da duplicação do quadrado a um jovem escravo. Assistimos então à gênese ordenada da solução, e o papel propedêutico* da matemática na filosofia aparece.

O problema geométrico não é um problema filosófico, mas ele exercita o espírito sobre um objeto perfeitamente claro, ao mesmo tempo nitidamente definido e visível. A figura geométrica é ao mesmo tempo sensível e inteligível: todos os pontos do quadrado desenhado na areia podem ser vistos com os olhos e ao mesmo tempo são determinados pelo conceito de quadrado. A ideia se expõe sem ambiguidade.

Pequena tipologia das questões

Podemos acrescentar à distinção entre questão científica e questão filosófica, dois outros tipos de questão: a questão técnica e a questão pedagógica.

A **questão técnica** é aquela na qual tropeçamos por ignorância ou impotência e que a solução suprime. Por exemplo, onde se encontra "o episódio do escravo"? No *Mênon* de Platão, na passagem 82b. Os alunos fazem esse tipo de pergunta ao professor, que assume então a figura do especialista que transmite uma informação que preenche a lacuna revelada pela pergunta. Ou então: "Onde fica a estrada de Larissa?": é a segunda à direita. A questão técnica coloca um problema no sentido etimológico do termo: um obstáculo colocado à minha frente, ligado a uma insuficiência ou uma incapacidade que será superada pela solução. Encontramos um bom exemplo desse tipo de questão na *Dióptrica* de Descartes. As lunetas são o produto de uma invenção técnica obtida por uma série de tentativas e erros, ao término de uma aproximação empírica por um pensamento ativo, operante. "Mas continuo tendo muitas dificuldades para escrever sobre o assunto". É a teoria que leva a invenção ao seu último grau de perfeição, e quaisquer que sejam as dificuldades encontradas de início por Descartes para mandar um artesão produzir lentes de acordo com a sua teoria, a verdade é que a "determinação das figuras que as lentes devem ter" é geometricamente perfeita e definitiva. Nenhum problema filosófico pode reivindicar semelhante êxito.

A **questão pedagógica** também é uma demanda de resposta, mas trata-se de uma resposta que o professor já tem na cabeça e que o aluno deveria ter. A questão pedagógica pode ser subvertida pelo aluno que surpreende ao dar uma resposta inesperada e desconcertante, às vezes inventiva e filosoficamente carregada de interrogação. Mais comumente, ela é um meio de controle dos conhecimentos, uma garantia de que aquilo que foi explicado foi bem compreendido; ela é o meio de que o professor dispõe para se assegurar de sua posição, como um alpinista se assegura de seus grampos antes de avançar. O pedagógico torna possível o didático e o filosófico, que não se reduzem a ele.

Temas

- Argumentar e demonstrar.
- Existem problemas propriamente filosóficos?
- Um problema filosófico pode ficar ultrapassado?
- Para que serve a filosofia?

**Quinta parte
A experiência da verdade**

Capítulo 13

A mediação simbólica

1. Não podemos ver sem interpretar

A consciência ingênua não tem outra saída senão se desprender da ilusão da imediatidade que sua confiança espontânea nos dados sensíveis acarreta (cf. capítulo 1). A língua materna sempre já mediatiza nossa visão do mundo. Ela não é somente um instrumento de comunicação e de expressão, mas é constitutiva daquilo que somos e tece nossa relação com o mundo com mil elos que passam muitas vezes despercebidos. A língua já pensa, e nós herdamos, nela e através dela, uma certa maneira de decupar a realidade e de classificá-la; ela estrutura assim nossa representação do real. A experiência mostra que aprender uma nova língua não se resume a trocar as etiquetas que estariam coladas sobre as coisas. Significa pensar de outra maneira, e também ver de outro modo. Nossa língua é portadora de uma pré-compreensão (cf. capítulo 2). Essa pré-compreensão muitas vezes é vista negativamente, como fonte de preconceitos. Esse ponto de vista é justo, mas parcial. Não podemos reduzir a língua dessa maneira:

> Ela encarna principalmente a interpretação preliminar e abrangente do mundo e não pode ser substituída por nada. Antes que o pensamento filosófico crítico comece, o mundo já foi interpretado em uma língua. É aprendendo uma língua, crescendo em nossa língua materna, que o mundo se articula para nós. Isso é menos descaminho que uma primeira abertura (Gadamer, *A filosofia hermenêutica*).

Esse vínculo com o mundo através da linguagem faz com que não possa haver um olhar puro, uma visão inocente, que seriam em seguida elaborados e interpretados pelo pensamento. Vemos em função daquilo que somos e daquilo que sabemos. Mesmo o selvagem de que fala Rousseau "só via o que tinha interesse em ver", pois todo vivente vê o mundo que o cerca segundo suas necessidades. Não existe olhar virgem de qualquer expectativa prévia; não existe olhar sem pressupostos.

É por isso que querer ver as coisas tais como elas são, sem acrescentar nada de si mesmo, pode parecer uma tentativa insensata. Este é entretanto o projeto que tem o senhor Palomar, o herói do romance de Ítalo Calvino do mesmo nome.

> Após uma série de desventuras intelectuais que não merecem ser lembradas, o sr. Palomar decidiu que sua atividade principal seria olhar as coisas de fora (Calvino, *Palomar*, As meditações de Palomar).

Palomar se coloca, então, "no plano dos seus olhos" e põe-se a ver o mundo como ele é; mas como olhar certas coisas e outras não, em nome do quê preferir e excluir? E como olhar tudo, sem nada descartar? Ver uma onda ou um raminho de erva torna-se uma tarefa infinita. Ver os seios nus de uma mulher bronzeando-se na praia e olhá-la sem pudor exagerado nem cobiça se transforma em proeza, pois como ver sem ser um *voyeur*? Comprar um queijo numa loja tendo como único objetivo uma relação física sem mediação com ele parece impossível:

> Assim que, no setor dos queijos, ele vê nomes de queijos, conceitos de queijos, significados de queijos, histórias de queijos, psicologias de queijos, se, mais que saber, ele pressente que por trás de cada queijo existe tudo isso, aí a relação torna-se muito complicada (Calvino, op. cit., Um museu de queijos).

Os "nomezinhos infamantes" que damos aos queijos tornam impossível um consumo sem pensamentos ocultos, e Palomar, amargo, acaba por concluir que "não interpretar é impossível, assim como é impossível impedir-se de pensar".

2. A noção de símbolo

Segundo a etimologia (em grego: *symbolon*), o símbolo é uma peça de cerâmica ou um objeto quebrado no momento de um pacto ou de um contrato, cujas duas metades servem como sinal de reconhecimento. Ele tem, como o signo, uma estrutura dual: ele apresenta um segundo sentido através de um primeiro sentido imediato.

Em sentido amplo, chamamos de símbolo tudo aquilo em que se exprime ou se reconhece um sentido. Tomado nesse sentido lato, o símbolo recobre um campo imenso:

O conceito de símbolo recobre a totalidade dos fenômenos que tornam manifesto o reconhecimento de um sentido no sensível (Cassirer, *A filosofia das formas simbólicas*).

Nesse sentido, a cultura, o mundo humano do sentido pode ser dito simbólico, por oposição ao conjunto das coisas naturais mudas. O simbólico é então aquilo que mediatiza nossa relação com o real, relação que só pode ser ilusoriamente imediata (cf. capítulo 1). Para dar apenas um exemplo, a função alimentar, que é uma função biológica vital, é tornada cultural em todas as sociedades. Embora o homem seja biologicamente onívoro, nem tudo o que é comestível é consumível; isso só ocorre em caso de escassez, quando a necessidade imperiosa da fome faz voar em pedaços mesmo a cultura mais requintada sob a pressão da necessidade natural. Seja a fome, seja a sexualidade, seja a morte, qualquer relação é mediatizada pela ordem simbólica.

Mas o símbolo pode ser entendido em dois outros sentidos muito mais estritos e antitéticos.

- Quando falamos de símbolo lógico, matemático, químico ou científico, estamos nos referindo a um símbolo convencional e unívoco, inventado para expulsar a equivocidade dos termos da linguagem usual e permitir a comunicação transparente necessária à ciência. O símbolo é constituído por sua regra de uso, fixada explicitamente. Não podemos mais falar de sentido, exceto metaforicamente, porque o símbolo, tomado nessa acepção técnica especializada, funciona eliminando toda polissemia e, portanto, a multiplicidade de efeitos de sentido. Ele exclui assim toda profundidade.

- São precisamente essa equivocidade e essa profundidade que caracterizam o símbolo, considerado em um sentido filosófico, poético, estético ou religioso.

O símbolo é, por natureza, essencialmente equívoco. Primeiro, diante do aspecto de um símbolo, podemos nos indagar se se trata realmente de um símbolo ou não; em seguida, supondo que assim seja, qual é, entre todos os significados que um símbolo pode encerrar, aquele que é verdadeiramente o seu (Hegel, *Estética*, A arte simbólica, introdução).

A ambiguidade aqui não é um defeito. Se ela cessa, o símbolo se torna uma simples imagem. O símbolo só é plenamente símbolo através da e na multiplicidade de sentidos. No § 59 da *Crítica da faculdade do juízo*, Kant analisa o símbolo distinguindo-o do esquema que é próprio para um conceito, e o coloca como "símbolo para a reflexão". O símbolo faz pensar. Esta análise de Kant, retomada por Hegel, está no centro de toda a hermenêutica contemporânea, seja na obra de Gadamer ou na de Ricoeur. Em *Finitude e culpa*, Ricoeur estuda o simbolismo do mal e conclui que o símbolo é fecundo para o pensamento. Em uma obra mais recente, ele define o símbolo da seguinte maneira:

Lugar de significações complexas onde um outro sentido ao mesmo tempo se dá e se esconde num sentido imediato (Ricoeur, *Da interpretação*, livro I, capítulos 1 e 2).

A noção de símbolo é, portanto, como seu objeto, essencialmente equívoca e ambígua. Ela oscila entre o sentido mais vazio e o sentido mais pleno. A linguagem usual, que é um sistema simbólico cuja polissemia produz às vezes mal-entendidos e confusões, é, por isso, objeto de uma crítica que vê nela um obstáculo epistemológico*. Buscamos então um recurso em uma linguagem rigorosa e unívoca, cuja exatidão elimine as flutuações. Em compensação, para o poeta, a língua usual é rica de pensamento, e a ambiguidade, longe de ser um defeito, é fecunda (cf. capítulo 15).

Distinções conceituais

Explicar e interpretar

- **Explicar** (do latim: *explicare*) é desenrolar, desdobrar. Explicar um texto é desfazer as suas dobras ou abri-lo para expor o que ele contém, expor claramente tudo o que está implícito, como ao abrir um leque para mostrar seu desenho. Explicar uma palavra desconhecida é traduzi-la em outras palavras cujo sentido é conhecido e assim torná-la inteligível.
- **Interpretar** consiste em explicitar o sentido de um fenômeno, de um gesto ou de um comportamento, de uma palavra ou de um texto. Mais precisamente, a interpretação é o trabalho que se efetua para expor o sentido ou os sentidos ocultos de obras ou de textos de múltiplos sentidos. Esse trabalho nasce da experiência da não inteligibilidade e é infinito, pois nunca podemos estar certos de termos esgotado todos os sentidos possíveis contidos em uma obra. Assim interpretamos uma obra de arte, um poema, a Bíblia. O intérprete é, como sugere a etimologia (*inter-esse*), um intermediário, um mediador

que torna possível a relação pela tradução que ele opera ou do deciframento de sentido que ele efetua.

Alegoria e símbolo

O símbolo e a alegoria pertencem ambos a uma mesma categoria: a das expressões com duplo sentido, que requerem uma atitude hermenêutica. A essa maneira de se exprimir corresponde uma maneira de compreender.

Mas comumente se distinguem a alegoria e o símbolo:

A alegoria é, como indica a etimologia grega, uma figura do discurso que consiste em "dizer outra coisa" a respeito daquilo que queremos significar. Essa "outra coisa" é mais concreta e é destinada a fazer compreender melhor o que queremos dizer. A alegoria é uma mediação que conduz em direção àquilo que dificilmente poderia ser concebido diretamente. Mas, quando a ideia é entendida, a alegoria torna-se inútil. Primeiro figura de retórica*, inscrita no domínio da linguagem, a alegoria torna-se imagem quando fazemos corresponder a uma ideia abstrata um equivalente sensível. Por exemplo, a alegoria da justiça é uma mulher segurando em uma das mãos uma balança e, na outra, uma espada. A balança indica o momento da deliberação, em que se pesam os prós e os contras; a espada representa o julgamento que decide, e a execução que se segue. A alegoria tem uma função essencialmente pedagógica. Alcançada a compreensão, ela não tem mais real razão de ser. Ela é então uma invenção didática que tem gosto de artifício; o elo entre a alegoria e o que ela representa não é um elo interno, essencial. A alegoria é, então, um simples instrumento a serviço de uma finalidade exterior.

O símbolo ultrapassa em muito o domínio da linguagem e não pode se apagar em benefício do simbolizado. Ele é a presença do sentido em seu próprio ser. A relação do sentido com o sentido é substancial e a tensão entre os sentidos não poderia ser eliminada sem que o símbolo fosse destruído. Como indica Hegel, está em sua própria natureza ser ambíguo, e essa ambiguidade não é um defeito; ela é a sua profundidade e a sua riqueza. Hegel valoriza o símbolo em detrimento da alegoria, que é apenas "uma fria figura do entendimento", cujo valor é somente cognitivo. Hegel afirma que o símbolo não resulta de uma escolha arbitrária e não é uma instituição convencional. Ele apresenta uma unidade interna de sentido múltiplo que sinaliza em direção àquilo que o ultrapassa. Obscuro e carregado de sentido, ele leva a pensar, enquanto a alegoria leva a conhecer. É preciso notar, todavia, que essa distinção, e a desvalorização da alegoria que ela apresenta, é recente.

Os trabalhos de Jean Pépin mostraram que a ruptura entre a alegoria e o símbolo ocorreu no século XIX, sob o impulso dos românticos alemães (em particular Schelling e Goethe). De fato, a definição antiga e medieval da alegoria tem uma extensão muito grande e recobre o conjunto das expressões pelas quais dizemos uma coisa para fazer entender outra. A noção de símbolo se situa então no campo da alegoria. A redução da alegoria à figuração concreta de uma ideia abstrata é recente. Segundo Jean Pépin, não há nenhum vestígio disso antes do Renascimento. A desvalorização da alegoria coincide e é concomitante à emergência de uma estética do gênio que libera a arte do ditame da razão: "A partir do momento em que a essência da arte se liberou de todo compromisso dogmático (teológico), e pôde se definir pela produção genial inconsciente, a alegoria não pôde deixar de se tornar esteticamente suspeita".

O uso da alegoria pelos poetas mostra que é difícil reduzi-la a uma simples ilustração cômoda de ideias abstratas. Se o *Romance da Rosa* põe em cena alegorias que rapidamente parecem enfadonhas, a *Divina comédia*, que também é inteiramente alegórica, tem uma força diferente. As alegorias de Dante têm um alcance didático, mas elas esclarecem poeticamente, e não apenas didaticamente. Os gemidos de Pier delle Vigne, metamorfoseado em arbusto da floresta dos suicidas, superam em potência, e de longe, o discurso do teólogo que proíbe o suicídio e condena aqueles que transgridem esse mandamento. A alegoria é "uma imagem visual límpida", como a definiu o poeta T. S. Eliot, que dá provas de "uma lucidez poética que é preciso distinguir da lucidez intelectual", pois "a verdadeira poesia pode comunicar antes de ser compreendida".

Temas

- Podemos ver as coisas tais como elas são?
- Basta ver para saber?
- A percepção pode ser educada?
- Podemos dizer que a percepção é um conhecimento?
- A obra de arte pode se prestar a várias interpretações?
- Uma obra de arte ganha ao ser comentada?
- A ambiguidade das palavras pode ser fecunda?

Capítulo 14

O poder das imagens

1. Língua de palavras e língua de termos

"Os eixos da poesia e da ciência, em primeiro lugar, são inversos", escreve Gaston Bachelard no prefácio da *Psicanálise do fogo*. A linguagem poética vive daquilo que a linguagem científica bane. Na constituição de uma terminologia científica ou de uma nomenclatura técnica, trabalhamos para definir os termos de modo preciso. O conhecimento científico exige termos de uma exatidão rigorosa e tende a construir uma língua de símbolos convencionais e unívocos (cf. capítulo 13). O poeta, ao contrário, preza as palavras em toda a sua ressonância. Uma língua de palavras não é uma língua de termos. Essa oposição é objeto de muitas observações no *Zibaldone*, obra composta de fragmentos escritos por Leopardi, o grande poeta italiano. Leopardi pretende defender a língua dos poetas contra a contaminação da linguagem que todos nós falamos pelas exigências da linguagem científica.

As palavras (...) não dão apenas a ideia do objeto significado, mas também, em maior ou menor quantidade, de outras imagens acessórias. E é uma grande qualidade da língua possuir essas palavras. As palavras científicas apresentam a ideia nua e circunscrita de tal ou tal objeto; por isso chamamo-las de termos; com efeito, eles determinam e definem o objeto de todos os lados. Quanto mais uma língua é rica em palavras, mais ela se presta à literatura, à beleza; acontece o contrário quando ela é rica em termos (Leopardi, *Zibaldone*, 1234-1235).

Em sua oposição, a ciência e a poesia contribuem ambas para fornecer ao espírito mediações simbólicas (cf. capítulo 13) a fim de ir mais longe. Por exemplo, a geometria constrói figuras e a poesia profere mitos que são trampolins para o pensamento, e elas mostram o poder estimulante das imagens.

2. A figura geométrica

A geometria como propedêutica*

"Ninguém entra aqui se não for geômetra": Platão inscreveu esta regra de exclusão no frontão de sua escola, a Academia, e marcou, assim, o lugar da geometria no currículo do aluno de filosofia. As matemáticas são um ensino preparatório necessário à filosofia. Na educação do filósofo, proposta no livro IV da *República*, elas precedem o acesso à dialética, "ciência suprema dos homens livres".

Por que um tal papel reservado aos matemáticos, e mais particularmente à geometria?

Porque essas disciplinas puxam a alma "daquilo que nasce em direção àquilo que é" (*A República*, VII, 521d), desempenham uma função psicagógica* e são os pontos de apoio da dialética:

> Estando o olho da alma verdadeiramente enterrado em algum lodaçal bárbaro, ela o puxa bem devagar e o traz para cima, utilizando como auxiliares e parceiros neste trabalho as disciplinas que passamos em revista (Platão, *A República*, VI, 533d).

A geometria é uma disciplina auxiliar que tem por fim separar a alma do sensível e conduzi-la à contemplação das essências. No *Mênon*, Sócrates recorre à geometria três vezes e, a cada vez, com a preocupação de superar a aporia* e de revigorar a busca dialética.

A figura geométrica

O que permite atribuir à geometria um tal poder? É a natureza da figura geométrica.

Quando Sócrates desenha na areia um quadrado para fazer o pequeno escravo de Mênon trabalhar no problema da duplicação do quadrado, ele traça uma imagem sensível do que é o quadrado, do que todo quadrado é. O quadrado é definido num conceito; ele é uma idealidade geométrica. A figura é a sua representação sensível. Mas não raciocinamos sobre a representação sensível enquanto tal, e sim visamos a ideia do quadrado através dela. A imagem sensível é apenas um auxiliar, e sabemos que, em geometria, podemos raciocinar certo sobre uma figura maltraçada.

Mas, sendo a representação sensível da ideia, a figura é também depuração intelectual do sensível. Ela reduz toda a riqueza da sensação à pura forma. A sedução do sensível está de alguma forma neutralizada, e a figura facilita o acesso às ideias. A figura geométrica é uma imagem, mas ela não é a imagem de uma coisa, e sim a imagem de uma ideia.

Ao construir figuras, o geômetra engendra uma realidade ao mesmo tempo mediana e mediadora. A figura é mediana no sentido de que todos os pontos que a compõem são ao mesmo tempo sensíveis e inteligíveis. Nela se conjugam dois movimentos: a sensibilização da ideia e a idealização do sensível. Ela é mediadora porque sua dupla natureza sensível e inteligível torna mais fácil a passagem de um para o outro. Os geômetras fazem uso de figuras visíveis, e sobre elas

> eles constroem raciocínios, sem ter no espírito essas próprias figuras, e sim as figuras perfeitas das quais elas são imagens, raciocinando sobre o quadrado em si mesmo, à sua diagonal em si mesma, mas não sobre a diagonal que eles traçam; e o mesmo ocorre para todas as outras figuras (Platão, *A República*, VII, 510d).

A necessária superação da geometria

A figura geométrica tem então uma função pedagógica decisiva, mas essa função leva necessariamente a superá-la. Ela favorece o afastamento da alma das coisas sensíveis e sua orientação em direção às idealidades, mas na medida em que ela é um misto, ela própria continua presa na realidade física que é preciso ultrapassar para alcançar o pensamento puro. Na *República*, Platão insiste fortemente na deficiência ontológica* das matemáticas, que, segundo ele, "flutuam como um sonho" (VII, 533b). Muito consciente da novidade e da potência da demonstração matemática inventada pelos gregos, Platão não perde contudo de vista que sua necessidade dedutiva tem seu ponto de partida nas hipóteses. Um verdadeiro conhecimento deve se fundamentar em princípios mais seguros.

Não podemos deixar de fazer aqui uma aproximação com Descartes. Ele também reconhecia nas matemáticas virtudes que ele recusava às outras disciplinas, como se vê na segunda das *Regras para a direção do espírito*: "a aritmética e a geometria são bem mais certas do que todas as outras disciplinas". Ele voltará a falar de sua inclinação para as ciências matemáticas na primeira parte do *Discurso do método*. Mas, assim como para Platão, as matemáticas não bastam. Sem dúvida alguma são exercício do espírito e modelo de certeza; mas também vazias e superficiais:

> Na verdade, nada é mais vão do que se ocupar de números vazios e figuras imaginárias, a ponto de parecer querer se comprazer no conhecimento de tais futilidades; e nada é tão inútil quanto se dedicar a demonstrações superficiais (Descartes, *Regras para a direção do espírito*, Regra IV).

Tanto para Descartes quanto para Platão, as matemáticas reclamam sua própria superação através de uma interrogação mais radical sobre os fundamentos, interrogação esta que é própria do pensamento filosófico.

3. O mito

A narrativa mítica

A presença dos mitos (do grego *mythos* = palavra, narrativa) na cultura é atestada desde o alvorecer das sociedades humanas. Palavras proferidas para desvelar o sagrado, eles se apresentam como uma iniciação a uma verdade profunda sobre a condição humana e sua relação com o divino. Narrativas poéticas, eles ligam o mundo humano e o mundo divino em um pensamento totalizante que mistura o natural e o sobrenatural e que se apresenta numa linguagem simbólica. O símbolo no mito é, segundo seu significado etimológico, aquilo que une (cf. capítulo 13), e ele se oferece, em sua ambiguidade e sua multiplicidade de sentidos, à interpretação. Na Grécia Antiga, eles são transmitidos por uma tradição oral, simultaneamente poética e religiosa, de geração em geração, e propõem respostas às perguntas que o homem se faz sobre ele mesmo, sua origem ou seu destino final. A narrativa mítica, por seu poder encantatório e pela magia da palavra, seduz o ouvinte. Faz nascer nele prazer e emoção, ao contar aventuras ocorridas em um outro tempo, envolvendo forças sobrenaturais. Para uma sociedade, o mito constitui um poderoso fator de integração pela participação afetiva de todos e sua comunhão na celebração de um passado imemorial.

Mito e logos

Mas, quando se constitui, nos séculos VI e V a. C., um pensamento racional preocupado com a coerência e com a explicação fundamental, esse *logos** rejeita o mito: ele o condena como fabulação fantástica ou como futilidades e tolices, boas somente para serem contadas às crianças por suas amas; ficção e mentira, o mito não atinge nem o real nem a verdade.

A história e a filosofia afirmam que temos o direito e mesmo o dever de nos desvencilhar do mito em prol de um verdadeiro conhecimento do mundo e de nós mesmos. Os primeiros historiadores, Heródoto e Tucídides, não recorrem mais aos deuses para explicar, como fazia Homero, os acontecimentos do passado. Animados por uma ambição de verdade, eles buscam as causas e interrogam as testemunhas de maneira crítica, tendo em vista o conhecimento. As considerações sobre o nascimento do pensamento filosófico como pensamento racional conduzem também a marcar claramente a distinção entre mito e *logos*. Esta distinção está no cerne da obra de Platão. Se levarmos em conta as críticas que Platão dirige ao mito, a distinção se transforma em oposição. O mito sofre o duro destino da poesia. Os poetas são expulsos da República e os criadores de mitos são fustigados por sua irracionalidade delirante. Se os deuses são tal como eles os pintam para nós, ciumentos, mesquinhos e adúlteros, então não são deuses e não merecem nenhum respeito. Platão vai ao encontro aqui da condenação de Eurípides. Mas logo nasce uma suspeita: Platão não é também poeta? E ele não recorre insistentemente aos mitos nos seus diálogos?

Mito e diálogo

Ao estabelecer a distinção do mito e do *logos* numa oposição estática, não corremos o risco de cair na antilogia* sofística, que elimina o movimento, o tempo, isto é, o próprio pensamento afinal? Não jogamos Platão contra ele mesmo, desprezando o que ele procura nos ensinar? De tanto considerar de maneira unilateral as críticas platônicas, ocultamos a presença insistente do mito na hora de remediar as deficiências do interlocutor e/ou do *logos*. Ora, o interlocutor, aconteça o que acontecer, continua sendo um interlocutor, e Sócrates só leva em consideração o que ele oferece (cf. capítulo 7). Ao contrário do discurso do sofista, que fala sozinho e reduz o outro ao silêncio, seja pela exibição de uma eloquência que se impõe, seja pelo jogo rápido de uma erística* virtuosística, o *mythos* é uma palavra que mantém aberta a dimensão do diálogo. Quando Mênon se esquiva e tenta abandonar o terreno da dialética, o mito da reminiscência o traz de volta às exigências do pensamento. Mas o faz tocando-o, convidando-o à reflexão, relegando momentaneamente ao segundo plano as duras imposições da argumentação racional. O mito obscuro é uma palavra que faz pensar. Ele requer uma interpretação que é o seu prolongamento necessário e nada mais é que o diálogo interior da alma com ela mesma que define o pensamento. Seria portanto simplista ver no mito somente o outro do *logos*. Ele convida ao diálogo lá onde este parecia ter-se tornado impossível. Ele convida a pensar lá onde o conhecimento encontra limites. Para além das aquisições do conhecimento, ele preserva as possibilidades futuras do pensamento contra os riscos do dogmatismo, e por isso nos predispõe a nos tornarmos dialéticos melhores. Somos assim encorajados a ultrapassar a literalidade da distinção do mito e do *logos* para recuperarmos seu espírito. A fecundidade desta distinção desaparece do momento em que os dois termos são fixados dogmaticamente numa oposição rígida que paralisa e mata o pensamento.

Vemos por aí que Platão é bastante consciente da ambiguidade e da ambivalência do mito. Diferentemente da figura geométrica, da qual todos os pontos são simultaneamente sensíveis e inteligíveis, e que é definida por um conceito unívoco, o mito exibe uma multiplicidade de sentidos e requer interpretação. O cavalo preto e o cavalo branco do mito da alma como parelha alada, no *Fedro*, só são simbólicos por sua cor, e talvez também por seu ímpeto, mas certamente não enquanto mamíferos quadrúpedes... No mito, o pensamento deve triar, mas é por isso que ele é fecundo para o pensamento que ele aciona. Em compensação, na figura geométrica, não podemos suprimir nada.

A figura geométrica e o mito são dois tipos de imagens que têm o poder de impelir a alma a uma superação; eles estimulam e levam à reflexão filosófica.

Distinções conceituais

Abstrato e concreto

Os termos "abstrato" e "concreto" formam, tanto na língua quanto na representação usual, um par de oposições. Mas isso supõe que os dois se refiram a um mesmo terceiro: "o real". Com efeito, é pelo grau de distanciamento ou de proximidade com o real que eles se definem e se especificam. O "abstrato" designaria o que se encontra mais distante, ou mesmo o que ignora o que é o real; inversamente, o "concreto" designaria o que está mais próximo do real, até mesmo o que seria o próprio real. Quando dizemos de um pensamento que ele é abstrato, subentendemos muitas vezes "demasiado abstrato", sem grande relação com a realidade efetiva. "Tudo isto é muito bonito em abstrato", mas existe um abismo em relação à realização... Nada vale tanto quanto um exemplo concreto para compreender e agir. Um estilo concreto nos toca mais do que o fazem as abstrações. Buscamos concretizar nossas ideias, nossos sonhos, e tirar vantagens concretas de nossa situação. A desvalorização do abstrato por oposição à riqueza do concreto é prática comum.

Esta é, todavia, uma abordagem contestável, pois ela se baseia numa definição falha do real, que também é traduzida pelo ditado "na prática a teoria é outra". É preciso, também, estudar os termos com mais rigor.

Abstrato

Termo surgido no século XIV, por adaptação do latim *ab* (a) *trahere* (puxar) segundo o modelo de *extrair*; passou-se da ideia de "tirar puxando, arrancar" à de "tirar de um conjunto por meio do pensamento", num uso erudito, mas tardio. Foi no século XVI que foi atestado o sentido de "considerar isoladamente ou de uma maneira geral [um objeto de pensamento]".

O particípio passado – abstrato – no sentido moderno só apareceu em 1674. O adjetivo significa "que exprime uma qualidade; que corresponde a um certo grau de generalidade". O abstrato é assim o produto de um processo: é preciso primeiro "abstrair" para se ter o "abstrato".

Não devemos dizer: abstrair alguma coisa (*abstrahere aliquid*), mas abstrair *de alguma coisa* (*abstrahere ab aliquo*). Se, por exemplo, num pano escarlate eu penso unicamente na cor vermelha, eu faço abstração do pano; se, indo além, eu faço abstração do pano pondo-me a pensar no escarlate como uma substância material em geral, eu faço abstração de mais determinações ainda e meu conceito se torna desse modo ainda mais abstrato (Kant, *Lógica*).[10]

---

[10] Extraído de I. Kant, *Logique* (Paris, Vrin, 1970), p. 103.

Concreto

O adjetivo "concreto" vem do latim *concretus*, "que adquiriu uma consistência sólida, forte, maciço"; o termo apareceu no início do século XVI. É o particípio passado de *concrescere*, "crescer por aglomeração", de *cum* (com) e *crescere* (crescer).

O significado primitivo ("de consistência sólida, forte, maciço") subsiste no substantivo de sentido técnico no campo da construção, quando falamos em "concreto aparente" ou "concreto armado". O sentido geral contemporâneo da palavra conserva a ideia de "real e tangível": "concreto" se define, desde o século XVII, por oposição a "abstrato". Estes dois adjetivos podem também ser utilizados como substantivos.

A música contemporânea viu se desenvolver uma corrente chamada de "música concreta", pois ela emprega em suas composições diversos materiais sonoros gravados preexistentes.

O real comporta indivíduos que diferem uns dos outros, e a abstração é uma operação de separação do que eles têm em comum daquilo que os diferencia:

> Por exemplo, vejo um pinheiro, um salgueiro e uma tília. A princípio, ao comparar esses objetos entre si, noto que eles diferem uns dos outros sob o ponto de vista do tronco, dos galhos, das folhas etc.; mas, se em seguida eu pensar unicamente no que eles têm em comum entre si, o próprio tronco, os galhos e as folhas, e fizer abstração de seu tamanho, de sua configuração etc., obterei um conceito de árvore (Kant, ibid.).

O abstrato aparece aqui extraído de uma realidade concreta primordial mais rica, mas o conceito assim produzido permite categorizar o real e pensá-lo: ele tem portanto uma função decisiva e nova. O conceito de árvore é um conceito extraído da experiência e que permite pensar a experiência.

Existe uma outra forma de abstração da qual a ciência fornece numerosos exemplos: uma abstração produzida pela própria teoria. Essa abstração pode não corresponder a nada na experiência: por exemplo, as idealidades matemáticas. Ela pode ser o meio de enriquecer a experiência, como mostra o exemplo da química de síntese. A partir da teoria química, foi possível produzir muitos corpos que não existem na natureza (plásticos, náilon etc.). O abstrato é então mais rico do que o concreto e é condição de produção do concreto.

Temas

- O prestígio das matemáticas.
- Pensar é calcular?
- É possível conceber uma sociedade sem mitos?
- Pobreza e riqueza da imagem.
- Para pensar, é preciso renunciar às imagens?

Capítulo 15

Rigor e ambiguidade

1. A palavra e o conceito

Da palavra ao conceito

A língua que falamos é uma língua de palavras (cf. capítulo 14), e as palavras não nos dão ideias nuas e isoladas, sem o menor acompanhamento de imagens e de ideias associadas, conforme a exigência científica de uma língua unívoca. Por isso, a língua corrente é rica, mas ela pode também nos desnortear. É de uma prudência saudável, para o filósofo, não se fiar nas palavras. Não somente sua justeza é problemática, como mostra Platão no *Crátilo*, mas nosso discurso pode nos escapar. Acreditamos com frequência dominar aquilo que dizemos, pelo simples fato de o dizermos, quando na verdade não sabemos o que estamos dizendo. Daí a pergunta socrática: o que queres dizer quando dizes que...?

A passagem da significação para a conceitualização e o uso filosófico dos conceitos assim produzidos caracterizam o trabalho filosófico. Pois conhecer o significado de uma palavra não é ainda formar o seu conceito. O início do *Mênon* é, a este respeito, exemplar. Mênon, que discorrera mil vezes sobre a virtude, e muito bem segundo lhe parecia, passa por essa experiência penosa em seu encontro com Sócrates. Ele pode falar da virtude porque, para ele, a palavra "virtude" tem um significado, mas nem por isso ele é capaz de responder à pergunta socrática: "Quando falas da virtude, do que estás falando?", "o que é a virtude?". Mênon se espanta: como podemos ignorar o que é a virtude, uma vez que a nomeamos, ou seja, que lhe atribuímos um significado na linguagem? Vemos que há uma anterioridade das significações da linguagem sobre a determinação do conceito. Podemos muito bem falar de alguma coisa sem saber exatamente do que estamos falando: o que é visado no significado não é o que é colocado pelo conceito. Mesmo que a língua natural, como ressaltamos muitas vezes, já seja rica de sentidos.

É por isso que, na Carta-prefácio dos *Princípios da filosofia*, Descartes define a filosofia afastando-se de seu significado comum e distinguindo-se da concepção antiga:

> (...) que esta palavra filosofia significa o estudo da sabedoria e que por sabedoria não se entende somente a prudência nas questões, mas um perfeito conhecimento de todas as coisas que o homem pode saber, tanto para a condução de sua vida quanto para a conservação de sua saúde e a invenção de todas as artes (Descartes, *Os princípios da filosofia*, Carta-prefácio).

O conceito cartesiano de filosofia é construído por retomada e retificação. Ele recolhe em si o significado comum e o ultrapassa, como indica o *"não somente... mas"*. O trabalho do filósofo sobre a língua comprova essa preocupação com as palavras, essa interrogação sobre as palavras com vistas a um pensamento rigoroso. A filosofia marca a diferença entre o lexical e o conceitual. Uma mesma palavra pode remeter a vários conceitos, um conceito pode estar presente sem a ou as palavras. Por exemplo, quando Descartes fala da dúvida, trata-se da dúvida metódica, da dúvida cética, da dúvida ordinária que nasce das circunstâncias da vida? Pois a identidade da palavra, como já sublinhamos, não garante a identidade conceitual. E a ausência da palavra tampouco garante a ausência de conceito. Por exemplo, Platão funda, no *Górgias*, a distinção que se tornaria clássica entre persuadir e convencer (cf. capítulo 9); mas, se ela é pensada claramente, nem por isso ela está inscrita ou pode ser localizada no nível lexical no texto grego: Platão emprega a palavra *pistis* (em grego = crença) nos dois casos. A atenção com as palavras é, portanto, uma condição essencial para uma leitura filosófica que se caracteriza pelo sentido do problema e pelo reconhecimento de que o sentido é problemático (cf. capítulo 12). Distinguir a significação e a conceitualização, e passar de uma à outra, esta é a tarefa da reflexão filosófica.

A palavra contra o conceito

Os poetas defendem a palavra contra o conceito. Mallarmé escreve que um poema é feito com palavras e não com ideias, e toda a sua obra comprova isso. A linguagem vale por si mesma e sua função referencial é obliterada. Quando Yves Bonnefoy afirma que a poesia deve ir "com as palavras para além das palavras", ele não quer dizer que se deve ultrapassar as palavras pelo movimento de conceitualização, mas, ao contrário, que é preciso, graças às palavras, recuperar a experiência primordial cristalizada nelas.

> [Os conceitos] são essencialmente representações, isto é, visões parciais, obtidas pelo destaque de certos aspectos do objeto à custa de outros que talvez só sejam negligenciáveis nesse tipo de perspectiva. São esses destaques, essas escolhas que permitem as definições, os enunciados de propriedades ou de leis, mas daí decorre também que dessa maneira só podemos obter uma imagem do que é, fiel ou não: e é à custa de uma intimidade com a coisa e o mundo que o sentimos, entretanto, pelo menos por instantes, acessível (Bonnefoy, *Conversas sobre a poesia,* Poesia e verdade).

Contra o conceito assim definido, Bonnefoy exalta a palavra que é ritmo e sopro, "que tem o infinito da coisa", e graças à qual a poesia tem uma capacidade de experiência e de verdade. A linguagem poética é esse afastamento "que transgride não um certo estado da conceitualização, mas todo sistema desse tipo". É preciso, com as palavras, quebrar os conceitos; é preciso, com as palavras, ir além das palavras: uma verdadeira leitura, para Bonnefoy, é uma leitura que suscita sua própria interrupção. Levando o leitor a "erguer os olhos de seu livro", ela o devolve à sua própria vida, revelando-o a ele mesmo. Bonnefoy evoca o canto V da *Divina comédia* de Dante. Descendo de círculo em círculo ao fundo do inferno acompanhado de seu guia Virgílio, Dante encontra logo de início sua contemporânea Francesca de Rimini e lhe pergunta qual foi seu destino. Francesca, que foi assassinada com o amante por seu marido, conta-lhe que poder de revelação teve em sua vida a leitura do livro de Lancelote: foi lendo esse livro a dois que os amantes tomaram consciência do amor que os unia:

Líamos um dia por prazer
De Lancelote, como o amor o prendeu:
Estávamos a sós, e sem qualquer receio.
Muitas vezes a leitura nos fez erguer os olhos
E descoloriu nossos rostos.
(Dante, *A divina comédia*, Canto V).

E assim até a interrupção definitiva da leitura:

Neste dia, não o lemos mais adiante (v. 138).

Os leitores encontram "impulso nas palavras para ir além das palavras", comenta Bonnefoy.

[O poeta] espera do leitor que ele pare, em certos momentos, de lê-lo. E esta expectativa, que é fundamentada, é aliás o que torna possível a poesia que se pretende celebração, isto é, atestação de uma qualidade, de uma força, mas que não pode evidentemente provar nada, e só fala de seu objeto de maneira tão alusiva quanto apaixonada (Bonnefoy, op. cit., Levantar os olhos de seu livro).

Conceito científico e conceito filosófico

Mas, ver no conceito, como o faz Bonnefoy, uma visão parcial e abstrata, a reificação de um aspecto da realidade, não é definir a totalidade do conceito. Mais precisamente, é reduzir o conceito ao conceito científico, e a racionalidade à racionalidade científica.

O conceito científico é o produto de operações perfeitamente definidas e reguladas, ou, em uma ciência em via de constituição, tende a sê-lo. A ciência constrói seus objetos. A filosofia, se ela é igualmente conceitual, se distingue, na medida em que incide sobre o campo da experiência humana em sua totalidade. A ciência instrumentaliza a linguagem e a dissocia do ser. A filosofia sabe que a linguagem é uma mediação da qual não podemos prescindir, mas por isso mesmo ela se recusa a destituí-la de seu alcance ontológico*. No *Crátilo* (433a e 438b), Platão mostra que, se não podemos esperar extrair conhecimento do exame das palavras da linguagem, não podemos prescindir delas para alcançá-lo.

2. Poesia, ciência e filosofia

O triunfo da ambiguidade

Se a ambiguidade da língua usual é aquilo de que a linguagem científica procura se livrar em benefício de uma terminologia unívoca que permita o cálculo, a poesia ao contrário se apoia nessa riqueza de sentidos que faz pensar. Convém todavia distinguir a ambiguidade da polissemia: a polissemia é a pluralidade de sentidos de uma palavra, pluralidade no interior de uma significação comum; a ambiguidade indica várias referências exteriores possíveis ou uma multiplicidade de sentidos que é uma multiplicidade irredutível, pois ela é o indício de níveis de ser diferentes. Em um poema como a *Divina comédia*, o poeta se vale da exegese bíblica e afirma que seu poema deve, como a Bíblia, ser lido segundo a doutrina dos quatro sentidos da Escritura. Na carta na qual ele dedica o Paraíso a seu protetor e mecenas Cangrande della Scala (Epístola XIII), ele mesmo dá os princípios de leitura de sua obra:

Em prol da clareza do que tenho a dizer, é preciso saber que o sentido desta obra não é simples e, ao contrário, podemos afirmá-lo (...) é dotado de várias significâncias; porque outro é o sentido fornecido pela letra, outro é o sentido que se extrai das coisas significadas pela letra.

Dante retoma a distinção tradicional dos pais da Igreja: existem quatro sentidos, o sentido literal, o sentido alegórico, o sentido moral e o sentido anagógico. O sentido literal contém os três outros, como a casca da noz envolve o fruto. Não podemos deixar de partir dele. O sentido literal entrega o acontecimento; o sentido alegórico, o sentido oculto do acontecimento; o sentido moral indica a situação da alma em relação ao pecado e à graça, e o sentido anagógico* apresenta o itinerário da alma em direção à salvação eterna. Assim, no poema, "correm significâncias alternadas". A poesia tende aqui a ensinar, e Dante é um poeta que jamais renuncia à razão. Poesia e filosofia estão unidas no sentido de que a ambiguidade não é admissível sem o rigor. O poeta joga com a pluralidade dos níveis de sentido, não para agradar ou fazer sonhar, mas para conduzir à verdade. Podemos calcular a enorme distância entre a verdade científica, que é exatidão, e a verdade poética, que não renuncia ao conhecimento e afirma sua vocação ontológica*.

O rigor contra a ambiguidade

A linguagem corrente é portadora de sentidos complexos e arrasta com ela todo um halo de imagens: essa riqueza é percebida como um perigo para um pensamento que tende a identificar a verdade com a exatidão e tenta, assim, eliminar o arbitrário da reflexão. Contra a indeterminação poética das palavras, tudo deve ser explícito e, portanto, tudo deve ser precisamente registrado numa linguagem científica. O simbolismo científico pretende retificar a língua corrente expulsando a superabundância de sentidos a que o uso se acomoda e que o poeta explora.

O simbolismo da linguagem da química é aqui exemplar. Lavoisier funda a química moderna abandonando a linguagem sobrecarregada de imagens e enganosa da alquimia em prol de uma nomenclatura que exprime claramente a natureza dos corpos químicos, corpos simples (H para hidrogênio, Cl para cloro etc.) ou corpos compostos (HCl para cloreto de hidrogênio, H_2O para água etc.).

> Os nomes de "óleo de tártaro, óleo sulfúrico, manteiga de arsênico e de antimônio, de flores de zinco" etc. são ainda mais impróprios, pois fazem nascer ideias falsas; porque não existe propriamente, no reino mineral, nem manteiga, nem óleos, nem flores; finalmente, porque as substâncias designadas com estes nomes enganosos são venenos violentos (Lavoisier, *Tratado elementar de química*, Discurso preliminar).

Uma fórmula química mostra a combinação de elementos de que o corpo é composto, e o mesmo elemento é sempre representado pelo mesmo símbolo, qualquer que seja o corpo no qual ele se encontre.

As noções comuns produzem imagens das quais o espírito deve se livrar para chegar ao conceito. Bachelard denunciou essa "extensão abusiva das imagens familiares", analisando, na *Formação do espírito científico* (capítulo IV), um exemplo de obstáculo verbal: a esponja. Essas imagens passam facilmente por explicações: "nós as reconhecemos, logo, cremos conhecê-las". A familiaridade é um obstáculo epistemológico* básico e produz o que Durkheim chama de ilusão da transparência (cf. capítulo 1). Mas o sentido vivido não é, como o mostram as ciências humanas, o sentido real.

> Os fenômenos têm aqui um sentido imediato, o que quer dizer que eles fazem parte espontaneamente de um universo de ações valorizadas e orientadas, seja na consciência de um indivíduo, seja na organização e no funcionamento de uma coletividade que se apresenta como um todo, mesmo que as ligações deste todo nos escapem. Esse sentido é veiculado pela linguagem para o sujeito falante de cada grupo social, e é ele que constitui para nossas consciências de atores a própria essência do fato humano dado. De tal maneira que o fato humano já se apresenta como provido de uma estrutura e como um pseudo-objeto de ciência (Granger, *Pensamento formal e ciências do homem*, capítulo IV).

O rigor científico luta contra a ambiguidade com vistas à clareza conceitual e à explicitação mais completa. Mas qual é o preço a ser pago? É um preço alto, pois com a ambiguidade desaparece a profundidade.

A ambiguidade da linguagem corrente deve ser superada em prol da univocidade de uma língua que seria o objetivo a ser alcançado? Ou podemos pensar que a multiplicidade de sentidos é, para o filósofo, condição do pensamento e compatível com o rigor?

Não saberíamos identificar o todo da racionalidade com a racionalidade científica. Devemos distinguir formas de racionalidade. Diferentemente da racionalidade científica, a racionalidade filosófica se interroga sobre os fundamentos e sobre os fins. Em seu uso filosófico, a razão coloca Ideias* reguladoras que orientam o pensamento e a ação.

> Não devemos tomar a Ideia como quimérica e rejeitá-la como um belo sonho, mesmo se obstáculos se oponham à sua realização. Uma ideia nada mais é que o conceito de uma perfeição que não foi ainda encontrada na experiência. Por exemplo, a Ideia de uma República perfeita governada segundo as regras da justiça (Kant, *Reflexões sobre a educação*, introdução).

A racionalidade científica é uma racionalidade regional: ela é válida para um domínio de objetos definidos, e a teoria se organiza em sistema*conceitual específico (cf. capítulo 9). O que significa que não podemos isolar um conceito dos outros conceitos e da teoria à qual ele está ligado. E, assim como não podemos exportar um conceito científico para fora de seu campo de validade, não podemos exportar a competência do cientista para outros domínios. A racionalidade científica em um dado domínio pode perfeitamente ser acompanhada pela credulidade e pela superstição em outros domínios. Do mesmo modo, a qualidade científica de alguém não pressupõe em absoluto sua qualidade moral, como mostra o exemplo conhecido dos cientistas nazistas trabalhando cientificamente para a solução final.

Consequentemente, a ciência é sem dúvida alguma um valor, mas, assim como outros, Husserl põe a filosofia em guarda contra o perigo do cientificismo:

> Que ela não se deixe enganar por esse fanatismo cientificista, que está excessivamente difundido em nossa época, e que considera "não científico" e sem valor tudo o que não pode ser

demonstrado de maneira cientificamente exata (Husserl, *A filosofia como ciência de rigor*, conclusão).

Se, para ser uma ciência, a ciência tiver que renunciar a toda profundidade, nós talvez não devamos nos deixar encurralar por isso, se quisermos escapar da "miséria intelectual de nossa época", que Husserl já achava intolerável.

O rigor e a ambiguidade

O pensamento filosófico não mantém com a língua natural as mesmas relações que o pensamento científico. Não se trata para ele de eliminar a ambiguidade, mas de trabalhá-la. As diferentes filosofias desenvolvem abordagens singulares, e a maneira como uma filosofia encara a linguagem usual e o estatuto que lhe concede diz muito sobre suas pretensões. Neste ponto, uma confrontação entre Platão e Aristóteles pode ser fecunda.

A obra de Platão foi escrita na forma de diálogos (cf. capítulos 6 e 7), e esta não foi uma escolha literária, mas filosófica: o pensamento não é outra coisa senão um diálogo. Cada diálogo de Platão é um ponto de vista, e considerar que a verdade de Platão está em um só deles é um contrassenso. Por exemplo, o *Fédon*, que apresenta o corpo como a prisão da alma e impele ao ascetismo, não é a última palavra de Platão sobre o corpo. Basta ler o *Filebo* para se convencer disso. Seria, aliás, muito difícil determinar a última palavra de Platão, pois cada diálogo põe em jogo uma multiplicidade de pontos de vista: com qual deles identificá-la? A tentação de identificá-la com Sócrates é grande, mas trata-se de uma tentação perigosa. Platão só fala em seu próprio nome em suas *Cartas* (cf. capítulo 6). A ambiguidade ocupa, portanto, no pensamento de Platão, um lugar decisivo; não somente ela não exclui o rigor, como ela é condição do rigor. Foi o que constatou Heidegger, que afirma que essa riqueza do pensamento de Platão pode fazer com que o consideremos "um grande rascunho", se não enxergamos mais longe.

> Essa riqueza de significação não é uma objeção ao rigor do pensamento. Pois tudo o que é verdadeiramente pensado por um pensamento essencial permanece, e isto por razões essenciais, múltiplo de sentidos. Esta multiplicidade de sentidos nunca é o resíduo de uma unicidade que uma lógica totalmente formal não teria ainda alcançado e que, embora não alcançada, seria em si mesma a meta a ser atingida. A multiplicidade de sentidos é antes o elemento em que o pensamento deve se mover para ser rigoroso (Heidegger, *O que significa pensar?*, primeira parte, capítulo 2).

É porque um mesmo enunciado é ambíguo e pode ser trabalhado pela contradição que é preciso pensar e ir mais longe. "O bem é o útil" é uma proposição que pode ser sustentada ao mesmo tempo pelo sofista* Protágoras e pelo próprio Platão: tudo depende do sentido que se dá às palavras. Para Platão, a ambiguidade não é acidental, própria de alguns casos particulares. Não podemos fugir a ela, pois ela é consubstancial à própria natureza da linguagem.

Aristóteles também ressalta a ambiguidade da linguagem. Em suas *Refutações sofísticas* ele vê na ambiguidade a condição de numerosos sofismas. Ele se interessa por ela, mas para dissipá-la. É preciso vencê-la por meio de distinções claras e fundamentar assim um discurso científico. E o discurso científico é monológico (cf. capítulo 9). Para impedir a refutação sofística, é preciso revelar os diferentes sentidos da questão e assim desfazer os equívocos (cf. capítulo 8).

Se a filosofia é experiência do pensamento e pensamento da experiência, se ela não é vítima do prestígio da ciência e não renuncia a ser ela mesma, ela assume a ambiguidade da experiência e trabalha a ambiguidade das palavras. Assumir e trabalhar a ambiguidade é a condição do rigor na filosofia. Reconhecemos uma grande filosofia quando, sem jamais renunciar a falar a língua de todos, ela descobre nessa língua novos recursos para a reflexão, rompe as expressões petrificadas e as categorias habituais de pensamento e inventa conceitos novos para pensar o real.

Distinções conceituais

Equivocidade e ambiguidade

A equivocidade de uma palavra resulta de fato de que ela tem várias significações: a um significante correspondem vários significados. A pluralidade dos sentidos move-se em um mesmo plano, e as diferentes significações tendem a se excluir mutuamente: se o termo símbolo for tomado no sentido de símbolo químico, ele não poderá ter a acepção de símbolo poético. Uma secretária ou é uma mulher que exerce determinada função, ou é um móvel, ou uma coisa ou outra. No uso corrente da língua, o contexto permite facilmente decidir e reter apenas uma significação. Se eu falar da secretária do senhor Dupont, ninguém vai ficar em dúvida.

A significação de um signo não é a coisa, o referente real ao qual ele remete. Para retomar um exemplo proposto pelo linguista Jakobson, se eu não souber a significação do termo "celibatário", não bastará que me mostrem um: como eu poderia sabê-la se me mostrassem a cor de seus cabelos, o estilo de suas roupas, sua altura ou o seu nariz arrebitado? Em compensação, eu chegaria à significação se me dissessem que um celibatário é uma pessoa não casada, e se eu conhecesse a significação desses termos.

A **significação** de um signo linguístico é dada por outros signos, enquanto a **designação** indica a que coisa real o signo remete. A primeira é uma relação interna à língua, a segunda diz respeito à relação da língua com a realidade.

A **ambiguidade** marca a relação da linguagem e das coisas. Pois "os nomes são em número limitado, assim como a pluralidade de definições, enquanto as coisas são infinitas em número", ressalta Aristóteles no início das *Refutações sofísticas* (I, 165a6), e é inevitável que várias coisas sejam significadas por um único e mesmo nome. A ambiguidade é portanto a contrapartida da generalidade das palavras. Essa ambiguidade é própria da natureza da linguagem: não podemos evitar que a palavra homem remeta a uma pluralidade de homens individuais, ainda que a palavra homem não seja equívoca. Mais grave é, segundo Aristóteles, uma segunda forma de ambiguidade, aquela que os sofistas exploram em seus paralogismos, quando uma mesma palavra se refere a realidades inteiramente diversas: a palavra cão, por exemplo, que ora pode designar um animal que late, ora uma constelação celeste...

Temas

- A linguagem corrente é um obstáculo ao conhecimento científico?
- A linguagem não passa de um instrumento?
- A ambiguidade das palavras pode ser fecunda?
- Não existe outra racionalidade além da científica?
- As guerras de palavras devem ser evitadas?
- As palavras nos ensinam nosso pensamento?

Glossário

Anagogia – Itinerário da alma que se eleva em direção à contemplação.
Antilogia – Conjunto de dois pensamentos contraditórios utilizado pelos sofistas para paralisar o pensamento incapaz de decidir.
Aporia – Dificuldade de passagem (do grego *poros* = poro, passagem). Bloqueio do pensamento, impasse do qual não se sabe como sair. A aporia marca uma interrupção da reflexão que não vê saída possível para uma questão formulada.
A posteriori – Fundado na experiência, e por isso sempre relativo e contingente. A experiência proporciona o particular; ela pode ser generalizada, mas nunca universalizada. Ela não pode tampouco fundar a necessidade de uma coisa, pois não se pode esgotar toda a experiência possível. *A posteriori* se opõe portanto a *a priori*.
A priori – Independente da experiência. Opõe-se portanto a empírico e tem como características a universalidade e a necessidade, que não poderiam derivar da experiência, sempre relativa e contingente.
Autonomia (do grego *autos* = si mesmo, e *nomos* = lei) – Conceito positivo da liberdade que consiste em obedecer à lei que nós mesmos nos prescrevemos.
Bom-senso – Para Descartes, é a faculdade de distinguir o verdadeiro do falso, e é a razão, ou ainda a luz natural.
Catarse – Purgação, purificação.
Ceticismo – Filosofia antiga segundo a qual o homem não pode alcançar nenhuma verdade e deve, portanto, suspender o juízo; ele pode assim

alcançar a tranquilidade da alma no equilíbrio e na ausência de perturbação. De maneira mais geral, entendemos por ceticismo o estado de espírito daquele que duvida, que se defende da credulidade e não quer ceder aos preconceitos.

Ciências aplicadas – Assim são chamadas as ciências que, a partir da metade do século XIX, produzem elas próprias técnicas novas. Por exemplo, a química de síntese. Não confundir com as aplicações da ciência, que se efetuam com base em técnicas preexistentes.

Conjectura – Hipótese ou suposição. Ideia que avançamos para tornar inteligível um fenômeno.

Contingente – Que pode ser ou não ser e, portanto, não tem nenhum caráter de necessidade. A contingência supõe a pluralidade dos possíveis.

Demagogia – Habilidade de manipular o povo através de um discurso lisonjeiro.

Demonstração – Raciocínio que estabelece a necessidade de um resultado e não dá espaço à dúvida.

Dialética – Inicialmente, em Platão, é a arte de avançar a dois em direção à verdade por meio de perguntas e respostas. Nas obras da maturidade, a dialética se torna a "ciência suprema dos homens livres".

Dogmatismo – É dogmático aquele que propõe ou impõe uma afirmação que é dada como verdadeira, recusando que ela seja examinada e discutida. O dogmatismo é a pretensão de deter a verdade, e se opõe ao relativismo, que sustenta que "cada um tem a sua verdade".

Ecletismo – Pejorativamente, conjunto composto de pensamentos diversos e mesmo díspares, sem rigor e coerência interna.

Erística (do grego *éris* = luta, querela) – Arte sofística destinada a vencer o adversário com uma sequência de questões muito rápidas. Encontramos seu modelo no *Eutidemo* de Platão.

Especulação – Atividade teórica que tem como fim o conhecimento em si mesmo. O sentido grego da *theoria* é a contemplação. No sentido corrente, especulação é sinônimo de uma visão do espírito que é inverificável.

Heteronomia (do grego *heteros* = outro, e *nomos* = lei) – Estado daquele que recebe sua lei do exterior, por oposição à autonomia, que consiste em nos submetermos a uma lei que nos prescrevemos a nós mesmos.

Ideia – Segundo Kant, a Ideia é um conceito racional, "ao qual nenhum objeto que lhe corresponda pode ser dado pelos sentidos". Uma Ideia reguladora é uma Ideia que serve de regra, que possibilita a orientação.

Ideologia – Termo criado no final do século XVIII para designar um discurso sobre a origem e a natureza das ideias. Para Marx, a ideologia é um discurso mistificado e mistificador, que constitui uma ilusão tranquilizadora que apaga as contradições e os problemas em prol da manutenção da ordem estabelecida. Ela, por conseguinte, tem um poder integrador.
Logos – Discurso racional preocupado com a explicação e o fundamento.
Luz natural – Para Descartes, sinônimo de razão ou bom-senso* como faculdade de discernir o verdadeiro e o falso, por oposição à luz da graça.
Método (do grego *odos* = caminho) – Um método é um caminho, uma via de acesso. Mais precisamente, é um conjunto de regras cuja boa aplicação garante o sucesso.
Misologia – Ódio à razão.
Necessário – Que não pode não ser ou ser diferente do que é.
Obstáculo epistemológico – Expressão empregada por Bachelard para designar tudo aquilo que cria obstáculo à constituição de uma ciência: as prenoções, as representações e as ilusões do senso comum em particular.
Ontologia – Discurso sobre o ser enquanto ser. Tem um alcance ontológico aquilo que busca atingir o próprio ser.
Princípio (do latim *principium* = começo) – Proposição primeira que admitimos como fundamento de uma teoria, ou regra de ação na condução da vida.
Propedêutica – Ensino preparatório ao estudo de uma ciência ou de uma disciplina.
Psicagogia – Condução da alma.
Retórica – Arte oratória. Objeto de julgamentos contrastantes: falar bem não é necessariamente pensar bem, mas saber argumentar é filosoficamente necessário.
Senso comum – Termo ambíguo que designa ora o conjunto das opiniões admitidas em uma determinada época em uma sociedade particular, ora o conjunto de noções comuns a todos os seres racionais.
Sistema – Totalidade estruturada na qual todos os elementos ou partes são interdependentes.
Sofisma – Raciocínio aparentemente verdadeiro que tem por objetivo confundir o interlocutor ou reduzi-lo ao silêncio.
Sofista (do grego *sophos* = sábio) – Professor itinerante que ensinava principalmente a arte da oratória e que, por isso, fazia grande sucesso na democracia ateniense, onde o poder da palavra era decisivo.

Bibliografia sugerida

Algumas obras introdutórias

Estas obras são um convite à filosofia

HADOT, P. *O que é a filosofia antiga?* Rio de Janeiro: Loyola, 1999.
JASPERS, K. *Introdução ao pensamento filosófico*. São Paulo: Cultrix, s.d.
KOYRÉ, A. *Introdução à leitura de Platão*. São Paulo: Martins Fontes, 1979.
MERLEAU-PONTY, M. *Elogio da filosofia*. Lisboa: Guimarães, 1998.

Algumas obras filosóficas essenciais

Algumas delas estão citadas no corpo deste livro, mas seria preciso citar tudo, pois a leitura das obras filosóficas tem um poder formador insubstituível. Para a filosofia contemporânea, indicamos mais particularmente:

DELEUZE, G. *Conversações*. São Paulo: 34, 1992.
GADAMER, H. G. *Verdade e método*. Petrópolis: Vozes, s.d., 2 vols.
GRANGER, G. G. *Por um conhecimento filosófico*. Campinas: Papirus, 1989.
HEIDEGGER, M. *Qué significa pensar?* Buenos Aires: Nova, 1958.
HUSSERL, E. *A filosofia como ciência de rigor*. Coimbra: Atlântida, 1965.

Índice

Para as noções que aparecem em diversos capítulos, são indicadas apenas as páginas em que elas são examinadas de modo mais preciso.

A posteriori, 24, 33, 34
A priori, 24, 33
Ação, 59, 81, 82, 83, 84, 129, 188
Admiração, 12, 61, 62, 63, 64, 65
Ambiguidade, 13, 22, 93, 125, 144, 151, 152, 153, 161, 162, 164, 165, 172, 174, 184, 185, 187, 189, 190, 191, 192, 193
Aporia, 68, 69, 169
Argumentação, 15, 107, 113, 116, 119, 120, 174
Autonomia, 27
Autor, 46, 109
Autoridade, 27, 31, 41, 42, 43, 44, 46, 47, 48, 49, 70, 87, 139, 141
Bom-senso, 29, 30, 45, 115
Catarse, 108

Certeza, 19, 20, 21, 49, 50, 51, 52, 65, 70, 171
Ceticismo, 33, 74, 78, 137
Ciência, 32, 35, 36, 37, 38, 42, 43, 47, 49, 50, 52, 61, 62, 63, 64, 65, 72, 75, 114, 115, 117, 120, 130, 131, 137, 138, 141, 142, 144, 147, 160, 167, 168, 177, 184, 187, 188, 189, 191
Cientificismo, 188
Conceito, 13, 32, 48, 144, 153, 160, 161, 169, 174, 176, 177, 179, 180, 181, 182, 183, 184, 186, 188
Conhecimento, 14, 20, 24, 26, 29, 30, 32, 34, 35, 36, 39, 40, 46, 50, 59, 60, 61, 62, 63, 64, 65, 70, 77, 78, 88, 114, 115, 127, 129, 134,

135, 139, 141, 148, 152, 165, 167, 171, 172, 173, 174, 180, 184, 185, 192
Conjectura, 38
Consciência, 20, 21
Contradição, 69, 81, 93, 103, 106, 149, 192
Convencer, 93, 112, 120, 121, 183
Crença, 38, 42, 50, 51, 75, 120, 121
Crítica, 42, 45, 49, 70, 97, 139, 154, 175
Debate, 35, 99, 101, 111, 114, 115, 117
Definição, 69, 92, 103, 149
Demagogia, 36, 109
Democracia, 34, 36, 100, 109, 111
Demonstração, 50, 52, 78, 104, 113, 116, 119, 121, 141, 149, 172
Dialética, 98, 150, 170, 171, 176
Diálogo, 91, 93, 95, 97, 98, 101, 175, 191
Discussão, 35, 47, 49, 93, 94, 95, 99, 104, 105, 108, 112, 115, 119, 149
Dogmatismo, 41, 49, 114, 151, 176
Dúvida, 67, 69, 71, 73, 78
Ecletismo, 45
Erudição, 43, 137, 146
Espanto, 57, 59, 61, 63, 65
Especulação, 59
Experiência, 21, 23, 24, 42, 43, 50, 79, 81, 83, 87, 114, 134, 151, 180
Filosofia, 41, 49, 57, 59, 79, 82, 83, 92, 104, 117, 133, 135, 137, 139, 181, 185, 187, 191
Filósofo, 37, 49, 57, 108, 109, 127, 133, 136, 137, 140
Fundamentos, 36, 37, 39, 70, 71, 75, 81, 96, 119, 173, 190
Geometria, 33, 61, 142, 149, 155, 170, 171, 176
Heteronomia, 28
Ideia, 82, 83, 97, 105, 155, 165, 167, 170, 171, 177, 181, 183, 190
Ideologia, 30,
Ilusão, 21, 22, 23, 103, 141, 159, 189
Imagem, 65, 109, 163, 165, 167, 170, 171, 177, 181, 184, 187
Imediatidade, 20, 21, 23, 159
Interpretação, 23, 77, 98, 99, 121, 146, 154, 159, 161, 164, 174, 176
Juízo, 30, 32, 38, 39, 51, 52, 74, 85, 96, 115, 122, 125, 127, 150
Justiça, 83, 84, 87, 112, 115, 117
Legalidade, 84, 85, 86
Legitimidade, 84, 86, 87
Leitura, 44, 49, 135, 137, 145, 148, 183, 185
Liberdade, 27, 39, 47, 71, 88, 139, 141
Linguagem, 20, 21, 23, 29, 32, 91, 107, 109, 112, 160, 162, 163, 165, 169, 174, 182, 183, 186, 187, 189, 191, 194
Logos, 113, 174, 175
Luz natural, 45, 70, 137
Máxima, 74, 125, 127
Método, 25, 70, 72, 74, 137
Misologia, 107
Mito, 120, 173, 175
Objeção, 47, 71, 93, 97, 103, 108, 113, 118, 138

Obstáculo epistemológico, 36, 164, 189
Ontológico, 65, 172, 186, 187
Opinião, 33, 34, 35, 37, 39, 45, 52, 68, 70, 71, 74, 93, 95, 98, 99, 114, 117, 137, 138, 141
Paixão, 53, 62, 63, 105
Palavra, 93, 94, 109, 119, 129, 154, 164, 169, 181, 183, 185, 188, 191, 193
Pensamento, 59, 60, 68, 69, 71, 73, 93, 96, 97, 125, 127
Percepção, 19, 23, 159
Persuadir, 112, 120, 121, 183
Poesia, 167, 169, 175, 183, 185, 187
Polêmica, 103, 105, 108, 109
Política, 80, 83, 92, 111, 135
Preconceito, 27, 29, 31, 39, 126
Princípio, 71, 104, 114
Problema, 59, 136, 145, 147, 149, 151, 153, 155
Propedêutica, 155, 170
Questão, 57, 92, 101, 107, 147, 149, 152, 153, 155
Racionalidade, 61, 65, 81, 185, 189
Razão, 27, 31, 35, 39, 41, 44, 45, 47, 49, 52, 60, 62, 63, 70, 77, 83, 88, 93, 105, 107, 118, 119, 121, 125, 127, 130, 133, 135, 137, 139, 141, 150
Refutação, 69, 97, 103, 105, 106, 109, 113
Retórica, 105, 109, 112, 120
Rigor, 146, 181, 187, 189, 191
Senso comum, 29, 45, 125, 151
Sentido, 146, 161, 163, 165, 182, 183, 186, 187, 189, 192, 193
Símbolo, 161, 163, 165, 174, 176, 188, 193
Sistema, 50, 142, 190
Situação, 32
Sofista, 95, 105, 106, 108, 109, 112, 152, 176, 192, 194
Tradição, 41, 42, 43, 134, 136, 138, 139, 141
Verdade, 19, 28, 35, 37, 43, 45, 49, 51, 69, 71, 73, 76, 91, 95, 97, 103, 105, 112, 135, 137, 146, 174, 184, 187
Vida, 23, 29, 34, 59, 60, 70, 130, 131

Este livro foi impresso nas oficinas gráficas da Editora Vozes Ltda.,
Rua Frei Luís, 100 – Petrópolis, RJ.